JN005972

公認心理師・臨床心理士 大学院対策

鉄則10 & キーワード30

心理統計編 第2版

河合塾KALS 監修　宮川 純 著

講談社

第2版　はじめに

本書は心理統計学の専門書ではありません。

　計算処理に代表される統計学の本質的な理解をあえて追求せず，「心理系大学院受験」に必要な知識だけを学ぼうとする，**院試の合格に特化した心理統計の参考書**です。このあたりの本書のコンセプトは，次ページ以降の「初版　はじめに」をご覧ください。なかなかに邪道なコンセプトではありますが，特に致命的なお叱りを受けることなく，「心理学編 第2版」に続く形で「心理統計編」も第2版を刊行することができました。これも「公認心理師・臨床心理士 大学院対策シリーズ」をご愛用してくださる皆様のおかげです。深く感謝申し上げます。

　第2版においては「**合格に必要な知識だけを学ぶ**」というコンセプトはそのままに，新たにキーワードを**5つ追加**しました。特に「ランダム化比較試験」や「倫理的配慮」など，近年の心理系大学院入試で問われることが多い**効果研究に関するキーワード**を追加しています。また，第2版においては**コラム**がたくさん増えています。講師業を続けていると，知識ばかりが増えていくのですが，授業時間は増えるわけではありません。さらに，みなさんの学びの時間を心理統計だけに割くわけにはいかないでしょうから，内容を厳選する必要が出てきます。とはいえ，せっかく身につけたネタですから，披露しないのももったいない…ということで，統計豆知識的な内容や小話みたいなものは，全部「統計コラム」という形で詰め込んじゃいました。さらに，コラムにもなりきらなかった細かいネタは，「28 さまざまな統計用語」に詰め込んじゃいました。個人的には，統計コラム⑤「雨の日の統計学」がお気に入りです。最近の統計の授業で一番力を入れている部分であり，誌面で伝わったか気になるところです。また，近年は統計的に意味があること（**統計的有意**）を確認するだけでは不十分で，どれくらい意味があるのか？（**効果量**）について議論することが重要視されています。流れで雨を例に挙げると，雨が降るか降らないかだけでなく，雨量も確かめる必要があるということですね。このあたりの議論を，統計コラム⑩「サンプルサイズは大きければ大きいほどよい？」で紹介しました。

　このように「合格のために必要な心理統計の本」というコンセプトは残しつつ，近年の統計のトレンドにも少し詳しくなれるかもしれない，そんなオトクな作りにしたつもりです。ぜひキーワード30だけでなくコラムも読んでいただけると，ありがたく思います。本書が，心理系大学院受験の合格に寄与できることを，心より祈っております！

2024 年 5 月

河合塾 KALS　宮川　純

初版　はじめに

よく「わかる」心理統計の本は，たくさん出版されています。

しかし大学院入試に「**受かる**」ための心理統計の本は，ほとんど出版されていません。ですから本書は，徹底的に「**受かる**」ための心理統計本を目指しました。ここで疑問に思う人がいるかもしれません。

「わかる勉強」と「受かる勉強」は同じなのでは？

確かに重なる部分は多いです。しかし完全に一致せず，右の図のような特徴になります。最も重要な部分はBです。「わかる」が「受かる」に直結する。ここについては，言及する必要はないでしょう。問題はAとCです。

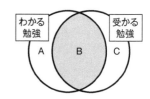

まずAについてです。ここには，以下のような内容が含まれます。
・Σ記号などを用いた，複雑な計算処理
・excelやSAS，SPSS，Rなどの統計ソフトの使用法
・上記計算処理や，統計ソフトなどを用いた試行錯誤的な解決

複雑な計算を処理してはじめて「わかる」こと，実際に統計ソフトを使ってはじめて「わかる」こと，試行錯誤的にさまざまな計算や分析を試してみてはじめて「わかる」こと。これらのすべては，**統計を「わかる」ために，非常に重要な過程**です。しかしこれらはすべて，多くの時間を要するという共通した特徴があります。大学院入試の多くは**90分から120分**の試験であり，「限られた時間内」で「一定の成果を残す」ことが求められます。そのため，大学院入試において**多くの時間を要する複雑な計算処理や，試行錯誤的な解決が求められることは，限りなく少ない**のです。もちろん試験会場で，統計ソフトを使うこともありません。Aの勉強は「受かる勉強」ではないのです。なお，大学院修了後の**臨床心理士資格試験**や，**公認心理師国家試験**においても，**Aの勉強は求められません**。

ではCの勉強には，どのようなものがあるでしょうか。
・（理解は多少曖昧でも）統計用語の定義を述べられる。

・（数字をどうやって算出したかはともかく）算出された数字を解釈できる。
・解釈の注意点を意識して論述できる。
・（原理はさておき）どんな時にどんな分析を用いるか判断できる。

　完全に専門家に怒られてしまいそうな，「表面的」で「浅い」内容ですね。しかし，本書ではこれらの学習を悪とみなしていません。

　統計の「本質」を理解するために，算出された数値がどのような過程を経て生まれたものなのか，自らの手と頭を使って考えることは確かに必要でしょう。しかし，その手計算の煩雑さと困難さに苦しむあまり，本来の目的を見失い，ただの「作業」に終わってしまったり，統計そのものの学習を挫折してしまったり…そんな学生を多く見てきました。非常にもったいない話です。

　必ずしも「わかる」→「受かる」の流れでなくてもよいと思うのです。家電製品の説明書をいきなり読む人が少ないように，ある程度家電を使ったあとの方が説明書の内容が理解しやすいように，「受かる」ための表面的な理解から入って，大学院に合格してから入学するまでに，ゆっくり「わかる」学習に取り組んでもいいのではないでしょうか。

　よって本書は，Bを充実させるのはもちろん，Cの部分も意識的に充実させ，試験に必要ないAの部分は徹底的にカットする，という方針で作成されています。そのため絶対に，**本書で統計を「わかったつもり」にはならないでください。**ただし本書を使いこなして頂ければ，**統計問題が出題されたとしても「受かるつもり」になって頂ける**ことを約束します。

　なお，本書は心理系大学院入試をメインターゲットにしていますが，大学院修了後の臨床心理士資格試験や公認心理師国家試験に向けて，心理統計の知識や考え方をコンパクトに確認する目的でも，十分役に立つものと思われます（p.200からの定義リストなど）。ぜひご活用ください。

　最後に，いつも的確なアドバイスを頂ける講談社サイエンティフィクの三浦洋一郎様，河合塾の森靖義様，横田理恵様，素敵なイラストや図解を添えてくれたかわい君，そして，本書のために入試問題の使用を快諾して下さった各大学院の担当者様と先生方に，この場を借りて深く御礼申し上げます。

2018年6月

河合塾KALS　宮川　純

公認心理師・臨床心理士大学院対策
鉄則10&キーワード30
心理統計編　第2版　目次

イラスト：かわいしんすけ

※本書において，臨床心理士と公認心理師を総称して「心理専門職」，臨床心理士指定大学院
と公認心理師カリキュラム対応大学院を総称して「心理系大学院」と呼んでいます。

第1部

心理統計・研究法の学習法
鉄則10

　第1部では，過去の心理系大学院入試において，心理統計・研究法分野のどのような内容が，どのような形式で出題されているのか，データベースを作成し，徹底した出題傾向分析を行っている。そのデータベースと出題傾向分析をもとに，「心理統計・研究法を，どのように学習したらよいのか」10の鉄則という形でまとめた。

　心理統計・研究法は，心理学の中でもかなり勉強しにくい領域である。だからこそ，入試において得点差がつき，合否を分けるポイントとなりやすい。ぜひ，10の鉄則に基づき効果的な勉強を進め，心理系大学院の合格を勝ち取ろう。

心理統計・研究法　合格への10の鉄則
鉄則① **計算は，できなくてもいい**
鉄則② **すべての基本は，用語論述**
鉄則③ **過去問をチェックし，学習計画を立てる**
鉄則④ **信頼性と妥当性は，最優先**
鉄則⑤ **用語論述の "型" をおさえる**
鉄則⑥ **用語は，使えなければ意味がない**
鉄則⑦ **「定番のミス」を知る**
鉄則⑧ **"見た目" に圧倒されない**
鉄則⑨ **心理学の論文も，教材となる**
鉄則⑩ **統計と研究の必要性を，認識しておく**

計算は，できなくてもいい

　心理統計の勉強といえば，複雑な計算と数式…と思う人は多いだろう。心理統計を勉強しなくては…と専門書を開いても，多くの計算と数式に圧倒されて，断念してしまった人もいるにちがいない。だが，心理系大学院に合格することだけを考えたならば，心理統計の勉強に計算は，ほぼ必要ない。

　右の表1-1を見てみよう。過去3年間の心理系大学院で出題された心理統計・研究法の問題を解答形式で分類したものだ（解答形式の詳細はp.13）。見てわかる通り，**圧倒的に計算問題は少なく，全体の約2%**しかない。

　しかもこの2%の多くは，限られた試験時間で解くことができるように，平均値や標準偏差など計算しやすい内容について，しかも比較的計算しやすい数字で構成されていることが多い。√やΣなどの特殊記号を使った計算は，ほとんどない。もちろん複雑な計算がまったく出題されないわけではないが，そういった問題が出題されたとしても，ほとんどの受験生は計算が追いつかず，

表1-1　心理系大学院入試
心理統計・研究法の解答形式分類

解答形式	出題数	%
用語論述	195	38.0
総合論述	141	27.5
データの解釈	55	10.7
計算処理	12	2.3
用語穴埋め	51	9.9
選択肢・正誤判断	59	11.5
ALL	513	100.0

（分析対象校はp.12）

 計算、すくない!!

計算ができなくても
十分受かるんだよ！

仮に追いついたとしても，他の問題に取り組む時間がかなり失われる。結果として，**複雑な計算を要する問題は，合否を分ける問題にはならない。**

　そこで本書では，数式や計算を「**心理系大学院入試に最低限必要な内容のみ**」に留めた。仮に統計的に重要な内容であったとしても，ほとんど入試で出題されていない内容や，出題されたとしても試験時間内で取り組むことが難しい内容は，大胆に割愛している。上記の通り，心理系大学院入試では，計算が出題されることそのものが少ない上に，仮に出題されていたとしても，本書の内容で十分に対処できることだろう。

すべての基本は，用語論述

　心理系大学院入試の心理学試験で，最も出題率が高いのは，さまざまな心理学の用語について説明させる「用語論述」である。

　このことは，心理統計・研究法の分野でも変わらない。表1-2の解答形式の分類表でも，**圧倒的に多いのは用語論述**（38.0%）だ。心理統計・研究法を学ぶにあたり，最も重視すべきは用語論述となる。

　さらに表2を見てみよう。この表は「1つの入試問題の中で，心理統計・研究法の問題が用語論述のみだった入試問題」の割合を示している。つまり大学院入試で，仮に心理統計・研究法の出題があったとしても，**約35%は，用語を説明させるだけの問題しか出題されていない**のだ。

　大学院によっては，心理統計・研究法の問題が，完全に「用語論述しか出題しない」学校もある。過去問でこういった傾向を見つけることができたならば，より心理統計・研究法の勉強を効率的に進めることができるだろう。

**表1-2　心理系大学院入試
心理統計・研究法の解答形式分類**

解答形式	出題数	%
用語論述	195	38.0
総合論述	141	27.5
データの解釈	55	10.7
計算処理	12	2.3
用語穴埋め	51	9.9
選択肢・正誤判断	59	11.5
ALL	513	100.0

（分析対象校は p.12）

**表2　心理統計・研究法分野について
用語論述のみ出題した試験の割合**

出題形式	試験数	%
用語論述のみの出題	87	35.2
用語論述のみではない	160	64.8
ALL	247	100.0

（分析対象校は p.12）

　また，用語論述の勉強で得た知識は，必ず総合論述やデータ解釈の問題でも反映される。**心理統計・研究法の勉強はまず，さまざまな統計・研究法用語を理解し，自分の言葉で論述できるようになることから**はじめよう。本書の巻末には心理統計・研究法用語の定義リストがあるので，それもぜひ活用してもらいたい。

鉄則③ 過去問をチェックし，学習計画を立てる

　心理系大学院受験を考えるにあたり，志望校が決定したらできるだけ早めに過去問を入手し，目を通しておきたい。とくに心理統計・研究法が「どのレベルまで出題されるか」確認しておき，**どれくらいの時間を心理統計・研究法の勉強に割くべきか，計画を立てるべき**だ。以下の表3を目安に，志望校の過去問の解答形式をチェックしてみよう。

表3　心理統計・研究法　過去問分析

対策しやすい！

対策しにくい…

LV1	選択肢問題のみの出題である。
LV2	用語穴埋めが出題されている。
LV3	用語論述が出題されている。
LV4	データを解釈する問題が出題されている。
LV5	総合論述が出題されている。
LV6	正誤判断の問題が出題されている。
LV7	計算処理を要する問題が出題されている。

　表3は，志望校の問題を見て，データ解釈の問題が含まれていたらLV4と判定する…という形で使おう。解答形式の詳細はp.13以降も参照してほしい。どの問題が心理統計・研究法の用語がわからない場合は，巻末の心理統計・研究法用語の定義リストを活用しよう。

　低いLVならば，心理統計・研究法の勉強に割く時間は少なくて済みやすい。他の分野の勉強に十分な時間をかけられるだろう。逆にLVが高い場合，心理統計・研究法の勉強に割く時間をできるだけ多めに確保しておきたい（もちろん，これらは目安にすぎないが）。

　勉強時間の確保には，何よりも早めの学習スタートが重要となる。だが，心理統計・研究法に時間を割かねばならないことを，試験直前に気づいても間に合わない。だからこそくり返すが，**志望校が決定したら，早めに過去問に目を通しておきたい**。早めの確認が，学習計画につながる。目安として，LVが高い場合は可能であれば**受験の1年前**から。LVが低い場合でもできれば**受験の半年前**から，心理統計・研究法の勉強を始めておきたい。

鉄則④ 信頼性と妥当性は、最優先

　以下のグラフを見てみよう。これは、過去3年間の心理系大学院入試における、心理統計・研究法分野のキーワード登場数である。

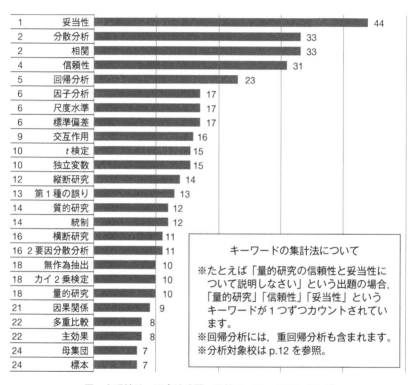

順位	キーワード	登場数
1	妥当性	44
2	分散分析	33
2	相関	33
4	信頼性	31
5	回帰分析	23
6	因子分析	17
6	尺度水準	17
6	標準偏差	17
9	交互作用	16
10	t検定	15
10	独立変数	15
12	縦断研究	14
13	第1種の誤り	13
14	質的研究	12
14	統制	12
16	横断研究	11
16	2要因分散分析	11
18	無作為抽出	10
18	カイ2乗検定	10
18	量的研究	10
21	因果関係	9
22	多重比較	8
22	主効果	8
24	母集団	7
24	標本	7

> **キーワードの集計法について**
>
> ※たとえば「量的研究の信頼性と妥当性について説明しなさい」という出題の場合、「量的研究」「信頼性」「妥当性」というキーワードが1つずつカウントされています。
> ※回帰分析には、重回帰分析も含まれます。
> ※分析対象校は p.12 を参照。

図　心理統計・研究法分野　登場キーワードランキング

　最も多いキーワードは妥当性だ。類似概念である信頼性の出題率も高い。特にこの**信頼性と妥当性は、心理統計・研究法分野の出題が少ない大学院でも、用語論述として出題されることが多い**。何よりも優先的におさえておきたい。
　また、近年は例題14のような、心理学的介入に関する**効果研究の計画を立案するタイプの出題**が明らかに増加傾向にある。こちらもぜひ、優先的におさえておきたい。

用語論述の"型"を おさえる

　鉄則①・②でも触れたように，心理統計・研究法分野であっても出題率が最も高いのは「用語論述」である。基本的な"型"は以下のようになる。まず初学者は，「Ⅰ 用語の定義」を書けるようになるところからはじめよう。

Ⅰ　用語の定義

「○○とは〜である」の形式で，用語の定義を簡潔に１文で述べる。最も重要な部分。定義が不明確だと，用語の意味を理解していないのではないかと判断されやすい。

Ⅱ　特徴・利点欠点・例・関連用語など

　ボリュームゾーンとなる部分。さまざまな特徴，利点欠点などを述べていく。字数を増やしたい時は，例を挙げてみたり，関連用語を挙げてその関連用語との比較を行ったりすることが有効。

Ⅲ　まとめ

　用語がどういった目的で使われるか，どんなことに注意すべきかなど，なんらかの形で読む者に示唆をもたらす内容が望ましい。ただし，示唆するような内容が無いときに，無理に示唆を述べる必要はない。

(例)「信頼性」に関する用語論述

Ⅰ　用語の定義 「○○とは〜である」の形を意識しよう。	信頼性とは，測定値が偶然や測定誤差によって影響を受けない程度を示す概念で，追試による安定性・一貫性のことである。
Ⅱ　特徴・関連用語 「同一対象に対して〜」の文は，特徴を紹介している。後半は，α係数という関連用語を挙げて，信頼性をより深く説明している。	同一対象に対して追試をくり返した場合，毎回安定した結果が得られれば「信頼性が高い」，大きく結果が変動すれば「信頼性が低い」と判断する。信頼性を測定する方法には，再テスト法や平行テスト法，折半法などさまざまな種類があるが，項目間の内的整合性を検討するα係数という指標が，現在では最も多く用いられている。
Ⅲ　まとめ 求められていることや注意点は締めとして使いやすい。	心理測定では，この信頼性だけでなく，測定の的確さである妥当性も，ともに高いことが望ましい。

鉄則⑥ 用語は，使えなければ意味がない

　どんなに有効な道具であっても「どんな場面で有効か」知らないと，うまく活用できない。同様に，心理統計・研究法の用語も，**用語の定義だけでなく「どんな場面で有効な用語か」を必ず確認しながら，理解を進める**ようにしよう。

　たとえば，2群の平均値の差が有意差であるかどうか検定したい時に，どんな統計的分析を使うだろうか？　ここで素早く「t検定」と出てくるか否かは，やはり合否を分けるポイントになる。データ解釈や総合論述が出題された際に「この問題内容は，2つの平均値の差を比較すればよいから…t検定に関する知識を軸にして述べればいいな！」と判断することができるからだ。結果としてそのことが，的確なデータ解釈や質の高い論述につながることは間違いないだろう。

表4　こんな時に，こんな統計・研究法用語（一例）

こんな時に	こんな用語
データを数量化して研究を進めたい時	量的研究
データを数量化せずに研究を進めたい時	質的研究
追跡調査して発達的変化を研究したい時	縦断研究
追跡調査せずに発達的変化を研究したい時	横断研究
データの信頼性を測定したい時	α係数
2つの変数の関連の強さが知りたい時	相関係数
2群の平均値の差を検定したい時	t検定
3群以上の平均値の差を検定したい時	分散分析
複数の項目を圧縮・整理・分類したい時	因子分析
複数の独立変数の影響力の違いを検討したい時	重回帰分析
カテゴリーの人数の偏りを検討したい時	カイ2乗検定

7

「定番のミス」を知る

　心理統計・研究法の分野では，しょうゆとソースを間違えて使ってしまうような，いわゆる「お約束の定番ミス」がいくつか存在する。たとえば「相関しか存在しない2つの変数を，因果関係として解釈してしまうこと」が定番のミスの代表例として挙げられる（詳細は，p.74「11　相関関係と因果関係」で）。

　このような「定番のミス」を知っておくことは，2つの意味で効果がある。第1に，**自分の論述ミスを防ぐ**ことができる。採点者もまずは「定番のミス」をしていないか，チェックするにちがいない。第2に，**自分の論述の材料**として活用できる。「相関関係だけでは，因果関係として解釈できないので，注意すべきである」など，注意点を示唆する形で論述を締めれば，文章のまとまりがよくなる。

　以下に代表的な「定番のミス」を挙げておくので，活用してほしい。

表5　心理統計・研究法における「定番のミス」の代表例

詳細	定番のミス
p.55	外れ値で歪められた平均値を使って，解釈してしまう
p.64	標準化なしで，数値だけ見て大小比較してしまう
p.74	相関関係しかないのに，因果関係として解釈してしまう
p.83	統制が不十分で，交絡に気づかない
p.87	無作為抽出を「自由に抽出してもよい」と解釈してしまう
p.88	標本に対応していない母集団を想定して解釈してしまう
p.97	帰無仮説を棄却できなかった時，対立仮説を棄却してしまう
p.106	統計的検定なしで，数値の差だけ見て有意差を解釈する
p.110	分散分析で帰無仮説棄却後，すべての平均に差があると解釈する
p.115	t検定で有意差が認められない時，平均が等しいと解釈する
p.115	有意水準5%よりも1%の方が，大きい有意差と解釈する
p.154	重回帰分析を使えば，因果関係が想定できると解釈する
p.155	重回帰分析で，相関が強い2変数を独立変数として使用する
—	自分には「心理統計は無理だ」とあきらめてしまう

鉄則⑧ "見た目" に圧倒されない

　p.161の例題12を少しだけ見てみよう。表と数字，たくさんの文章で「もう無理だ！」と思わせるのに十分な問題だ。では，この問題，果たして超難問なのだろうか。

　この問題はA～Jまでの空欄を埋めていく問題。詳細な解説は例題12の本編にゆずるが，この問題を簡単に攻略していくと，以下のようになる。

　A…引き算で解ける（40から15を引く）。
　B・C…足し算で解ける（Bなら，35＋25）。
　D…心理統計の知識で解ける（度数の分析に用いる分析手法は？）。
　E・F…計算が必要。ただ実はEの計算方法は文中に記されている。
　G・H・I…心理統計の知識で解ける（Gは「棄却された」らしい。
　　　　　それもヒントになる！）。
　J…表と文章から「なんとなく」判断可能。

ほとんど
解けちゃう！

　事実上，心理統計の知識と計算の融合を必要とするのは，EとFだけである（A～Cの計算は，一応小学生レベルなので頑張ろう）。

　仮にDの分析名を知らなかったとしても，GやHなど，他の関連知識から解ける問題もある。1つや2つ，埋められなかったからといって，それだけで不合格になることはないだろう。ただし，**表と文章を見て「私には無理！」とあきらめてしまったならば，それは間違いなく不合格**だ。差は歴然としている。

　心理統計・研究法の問題では，数字や表・グラフ・データが示されることがある。苦手意識が強い人は，それだけで拒否反応を示してしまう。だが，**必要な部分だけ読み取っていけば，答えにたどり着ける**ことが多い。"見た目"に圧倒されず，持てる知識をどのように活用できるか考えながら，必要な情報を抽出して考えよう。

む、無理じゃ
ないもん!!

その姿勢が
大事！

心理学の論文も，教材となる

心理統計・研究法の知識は「学んだだけ」ではなく，使える状態にして初めて意味があることは，鉄則⑥で触れた通りだ。そこで，心理統計・研究法をある程度勉強したら，得た知識がどのような形で実際に活用されているのか，**心理学の論文を読んで確認**してほしい。

とはいえ，初学者の人はとくに，心理学の論文を手にとったとしても，うまく読み取れずに混乱してしまうこともあるだろう。そこで初学者の人に，オススメの論文の読み方を紹介する。

論文は大きく「要約」「問題と目的」「方法」「結果」「考察」「引用文献」の6パートで構成されている。そのうち，**最初に「要約」「問題と目的」「考察」の3つだけ**目を通そう。「方法」と「結果」は統計的な記述が多く，いきなり読んでも混乱を招きやすい。そこで，先に「問題と目的」と「考察」を読んでおき，「この考察は，どんな分析方法の，どんな結果から導かれたんだ？」という**問題意識をもった部分について，「方法」や「結果」を選んで読めばよい**。いきなり「方法」や「結果」を読むより，かなり読みやすくなるはずだ。もちろんこのときに「心理統計・研究法の勉強で学んだあの知識が，こういう場面で使われて，こういう解釈に使われるんだ！」と読み取れれば最高だ。

また，過去問でデータ解釈の問題が頻繁に出題されていたならば，論文中の図や表にも目を通す癖をつけておきたい。論文の図や表からどのような考察が導かれているか読んでおくことは，必ずデータ解釈の問題を攻略する手がかりとなるはずだ。ぜひ，論文を教材としてうまく活用しよう。

論文の構成は以下のとおり

①要約
②問題と目的
③方法
④結果
⑤考察
⑥引用文献

まずはこの3つを読んでみよう！

なんでこの考察？ → なるほど！

なんだこのグラフ？ → なるほど！

統計と研究の必要性を，認識しておく

「心理専門職になりたいのであって，研究がしたいわけではない」

心理専門職を目指す人が，つい口にしてしまいがちな言葉だ。だが，残念ながら，この言葉を安易に口にするようならば，心理専門職を目指すべきではないのかもしれない。

なぜならば，臨床心理学的な介入は，経験や感覚によるものではなく，**統計と研究によって示された科学的な根拠に基づくもの**だからだ。例えば，心理療法の治療効果を，どうやって科学的に示せるだろうか。「何となく良くなっているようです」では，誰も納得しない。だからこそ，データを用いて統計的に説明することが必要となる。

統計や研究を軽視し，自身の経験と感覚だけに頼って活動する臨床心理士は，臨床心理士とは呼べない。その証拠に，日本臨床心理士資格認定協会の定める臨床心理士の4つの専門業務の中には，「臨床心理査定」「臨床心理面接」「臨床心理的地域援助」と並列する形で「調査・研究活動」が位置づけられている。また，臨床心理士の資格を更新するために，学会などの参加が義務づけられている。**臨床心理士は，研究に基づく活動をしている**からこそ，心理系の資格の中でも比較的高い評価を得ているという見方もある。

また，公認心理師法で示された公認心理師の4つの業務に「調査・研究活動」は明記されていないものの，公認心理師カリキュラムには「心理学研究法」「心理学統計法」「心理学実験」が含まれており，さらに公認心理師国家試験に，これらの内容が出題されることはすでに公表されている。つまり，**公認心理師にも統計や研究は必要**なのだ。

「合格のために，仕方なく統計を勉強する」それもまた，勉強のモチベーションをつくる1つの考え方だろう。だが，きっと長続きしない。

「心理専門職に，統計と研究は必要である」このことをしっかり認識していれば，統計や研究に対する勉強を**未来への投資・キャリアアップと位置づける**ことができる。心理専門職を目指すということは「研究に基づいた臨床活動を目指すことである」と認識し，心理統計・研究の勉強に対する高いモチベーションをつくっていこう。

入試問題・分析対象校一覧

　本書の鉄則10で用いられている表や図のデータは，以下の心理系大学院における2011年度入試から2013年度入試までの，過去3年間の入試問題を分析して作られたものである。

愛知教育大学 / 愛知淑徳大学 / 青山学院大学 / 跡見学園女子大学 / お茶の水女子大学 / 桜美林大学 / 大妻大学 / 大妻女子大学 / 大阪大学 / 大阪市立大学 / 大阪樟蔭女子大学 / 大阪府立大学 / 追手門学院大学 / 関西大学 / 神奈川大学 / 川村学園女子大学 / 学習院大学 / 京都ノートルダム女子大学 / 京都学園大学 / 京都教育大学 / 京都光華女子大学 / 京都女子大学 / 京都文京大学 / 金城学院大学 / 岐阜大学 / 駒沢大学 / 駒沢女子大学 / 甲子園大学 / 甲南大学 / 甲南女子大学 / 国際医療福祉大学 / 国際基督教大学 / 神戸大学 / 神戸学院大学 / 神戸女学院大学 / 神戸松蔭大学 / 神戸親和女子大学 / 首都大学東京 / 淑徳大学 / 昭和女子大学 / 上智大学 / 駿河台大学 / 椙山女学園大学 / 聖心女子大学 / 専修大学 / 創価大学 / 大正大学 / 中央大学 / 筑波大学 / 帝京大学 / 帝京平成大学 / 帝塚山大学 / 東海大学 / 東海学院大学 / 東京大学 / 東京家政大学 / 東京学芸大学 / 東京国際大学 / 東京女子大学 / 東京成徳大学 / 東京福祉大学 / 東洋英和女学院大学 / 奈良大学 / 名古屋大学 / 新潟青陵大学 / 日本大学 / 日本女子大学 / 日本福祉大学 / 花園大学 / 兵庫教育大学 / 文教大学 / 佛教大学 / 放送大学 / 法政大学 / 明星大学 / 武庫川女子大学 / 武蔵野大学 / 明治大学 / 目白大学 / 横浜国立大学 / 立教大学 / 立正大学 / 立命館大学 / 龍谷大学 / ルーテル学院大学 / 早稲田大学

① 用語論述

心理統計・研究法に関わる用語の説明を求める解答形式。最も出題頻度が高い。用語論述対策は鉄則⑤も参照。

【出 題 例】

心理学の研究法に関する，以下の(1)～(6)の用語を説明しなさい。
(1) 相関関係
(2) 2要因分散分析
(3) 尺度水準
(4) 横断研究と縦断研究
(5) 信頼性と妥当性
(6) 因子分析

---

② 総合論述

心理統計・研究法に関わる問題について，知識・用語を活用しながら論述することが求められる解答形式。問題内容に応じて，どの心理統計・研究法用語を使うか，関連づける力が重要となる。

【出 題 例】

高校生の模試成績向上には，問題の解法について話し合いをさせることが良いのか（教授法A群）と，ひたすらプリントで問題を解かせることが良いのか（教授法B群），教育効果を検討することになった。そこで，教授法A群や教授法B群に対する統制群として通常通りの授業を行う群も設定され，教育効果の比較を行う計画が立てられた。

この計画に対して知人から「教育効果を検討するなら，模試成績が偏差値50の生徒が大半のP高校で実施した方が良い」とアドバイスを受けた。しかし，このアドバイスには問題があると考えられる。アドバイスをした知人の意図を汲み取りつつ，このアドバイス通りに実施することの問題点を述べなさい。

---

③ データの解釈

　研究結果となるデータが示され，そのデータを解釈することが求められる解答形式。与えられたデータから必要な部分だけを読み取る力が鍵となる。データの読み取りに関しては，鉄則⑧も参照。

【出題例】

　学校適応感を高めるための新しい介入法Aの効果を検証するために，以下の実験が行われた。中学2年生のあるクラスには新しい介入法Aを，もう1つのクラスには従来の介入法Bを実施し，3ヶ月後に各クラスの学校適応感を測定した。右のグラフは，3ヶ月後の各クラスの学校適応感の平

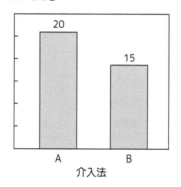

図　学校適応感の平均値

均値である。統計的検定を実施した結果，両クラスの平均値には有意な差が認められた。以下の問いに答えなさい。

(1)　どのような統計的検定を実施したと考えられるか。検定の名称を答えなさい。
(2)　上記の文章から，新しい介入法Aについてどのようなことがいえるか。あなたの考えを述べなさい。

---

④ 計算処理

　計算処理が求められる解答形式。平均値など比較的計算しやすい問題もあるが，確率処理や高度な統計量の算出が求められることがあり，その場合は，合否を分ける問題とはなりにくい。

【出題例】

　小学生の社会的スキルの獲得を目指す新しい介入法Xが開発され，従来の介入法Yとの比較が行われることになった。小学生児童20名を無作為に2群に分け，介入前と介入後の社会的スキルについて観察者による評定が行われた。評定の結果は以下のとおりである。

　　　介入法X実施前　17, 16, 18, 17, 16, 15, 15, 17, 18, 16
　　　介入法X実施後　18, 20, 20, 19, 20, 20, 19, 19, 20, 19

　　　介入法Y実施前　15, 14, 16, 14, 17, 15, 14, 15, 16, 17
　　　介入法Y実施後　16, 17, 18, 17, 16, 17, 16, 17, 17, 18

　上記の結果について，平均値・中央値・最頻値を求めなさい。

⑤ 用語穴埋め

　文章中に空欄があり，そこに当てはまる言葉を書き入れる解答形式。比較的対策しやすい。語群が用意されている場合は，さらに取り組みやすくなる。だが，明確な用語名を入れるのではなく，空欄に入れても不自然ではないように自分で考えて言葉を入れる場合は，難易度が上がる。

【出題例】

　赤い皿で食事が提供されると，食欲が増進されやすいという　A　を明らかにするために実験が行われた。この時，皿の色は　B　変数，食事量は　C　変数と考えられる。そして皿の色と食事量の因果関係を明らかにするために，赤い皿で食事が提供される群を　D　群，白い皿で食事が提供される群を　E　群として，食事量の比較が行われた。この時，赤い皿と白い皿で提供される食事のメニューが異なってしまうとこれが　F　変数として機能し，皿の色で食欲が変化したのか，食事のメニューで食欲が変化したのかがわからず，　G　となってしまう。そのため，皿の色以外はすべて　H　されていることが望ましい。

⑥ 選択肢・正誤判断

選択肢から1つを選んで答えたり，文章内容が正しいか否かを判断したりして答える解答形式。正誤判断は一見簡単そうだが，正しいか否か判断しづらい問題が多く，難易度はかなり高いことが多い。

【出題例】

以下の目的で統計的な処理や分析を行う際に，最も関連すると思われる用語を以下の語群から選び，記号で答えなさい。

① 2群の平均値の差の検定を行いたい。
② 3群以上の平均値の差の検定を行いたい。
③ 各クラスのイベント参加者・不参加者の人数に差があるかを検討したい。
④ 高校生の国語のテスト得点と英語のテスト得点に関連があるかを検討したい。
⑤ ビッグファイブの各性格特性が，どの程度攻撃性に影響するかを比較検討したい。

A 単回帰分析	**B** 重回帰分析	**C** 因子分析	**D** 主成分分析
E 相関係数	**F** 連関係数	**G** カイ2乗検定	**H** t検定
I クラスター分析	**J** 分散分析		

※「解答形式詳細」で紹介した問題の解答例は，以下を参照。

① 各用語解説のページを参照。　　② 例題6の解答・解説を参照。
③ 例題8の解答・解説を参照。　　④ 例題3の解答・解説を参照。
⑤ 確認問題6（2）の解答・解説を参照。⑥ 総合問題（1）の解答・解説を参照。

第2部

心理統計・研究法
入試突破のためのキーワード30

　第2部では，第1部で紹介した出題傾向分析をもとに，心理統計・研究法分野を攻略するためのキーワードを30個に厳選し，紹介する。その際，ただキーワードを紹介するだけではなく，実際の大学院入試でどのような形で出題されているのか実感して頂くために，毎回必ず，キーワード紹介の前に例題という形で問題を紹介している。ぜひ**例題に目を通してから，各キーワードの解説を読んで頂きたい。**学んだ知識が，入試で生かされることを実感しながら，学習を進めることができるだろう。また，キーワード紹介の後には確認問題を用意している。ぜひ**学んだ知識を，大学院入試でも使えるよう，確認問題にも取り組んでほしい。**

第2部の使い方

第2部は，大きく分けて以下の3つのパートで構成されています。

❶ 例題

心理系大学院で実際に出題されるような形式の問題を紹介しています。初見の段階で問題が解ける必要はありません。しかし**「この問題が解けるようになるためには，何を学ばなければならないのか？」を確認する**という，非常に重要な役割を果たしています。**キーワード解説を読む前に，解かなくてもよいので，必ず例題に目を通してください。**

なお，例題は長めの論述が求められたり，データの読み取りが求められたりなど，**比較的時間をかけてじっくり取り組む問題**を中心に構成しています。そのため，本書を一通り学び終えた後の，実戦練習として例題を使うことも有効です。

❷ キーワード解説

心理統計・研究法に関する重要キーワードを紹介しています。例題に目を通していることを前提とする文章や，実際に例題で示されているデータや内容の解説が進められることが多いため，**必ず例題に目を通してから，キーワード解説を読んでください。**

しかし，MORE!! というコーナーは，旧帝大など，より「深い」心理統計の知識を必要とする大学院を受験する人向けの内容です。初学者の方や，心理統計が苦手な方は，飛ばして読んでもかまいません。

❸ 確認問題

各キーワードに対し，理解を確認するための確認問題が毎回ついています。ぜひキーワード解説を読んで終わりではなく，実際に問題を解くことで理解を定着させたり，理解があいまいだった部分を学び直してみたりしてください。なお確認問題は，**電車の中など移動時間でも，比較的短時間で取り組めるような問題を中心**に用意しています。

また，応用問題がついている場合もあります。位置づけは「チャレンジ問題」です。MORE!! 同様，初学者の方や苦手な方は後回しでもかまいません。より深い理解が求められる人は，ぜひチャレンジしてみてください。

例題1 心理学研究法

【問】（1）以下は，心理学でよく用いられる質問紙調査の一部である。この質問紙調査の評定値は，4つの尺度水準のうちのどれにあたると考えられるか，理由とともに述べなさい。

> あなたは，人の心の動きに敏感である。
>   5　あてはまる
>   4　ややあてはまる
>   3　どちらともいえない
>   2　ややあてはまらない
>   1　あてはまらない

（2）心理学の研究法にはさまざまなものが存在し，それぞれに特徴や留意点が存在する。そこで心理学の研究法の中から2つをピックアップし，それぞれの特徴や留意点を説明しなさい。

例題1の攻略ポイント

- （1）は絶対の正解が存在しない。「どの尺度水準か」ということより，「選んだ理由を適切に述べられたか」が決め手になる。そのためにもまず，4つの尺度水準の特徴を正しく理解することからはじめよう。
- （2）についても，心理学の研究法はたくさんあるため「どの2つを選んだか」よりも「なぜその2つを選んだか」が重要となる。さまざまな心理学の研究法について，特徴を整理しながら理解するところからはじめよう。

▶ 用語解説は次ページから　▶ 解答例は p.36

01 尺度水準

scale level

学習のポイント

- ☐ 比率尺度・間隔尺度・順序尺度・名義尺度，まずこの4つの理解を。
- ☐ 等間隔性や絶対原点など，区別の基準をおさえよう。

About this word

数といっても，実はさまざまな種類があります。まずは以下の表1を見てください。それぞれ左側にある値を3倍したものが，右側の値です。それらの意味するところは…？

表1　さまざまな数

①	長さ	2cm	→	6cm	2cmの3倍の長さ
②	温度	2℃	→	6℃	2℃の3倍の暑さ？
③	順位	2位	→	6位	2位の3倍の順位？
④	番号	ゼッケン2番	→	ゼッケン6番	2番の3倍の番号？

同じ「2」と「6」を使っていても，まったく意味が異なることがわかると思います。そして，図1からもわかるように，「3倍」として機能しているのは①だけですね。**同じ数でも，その使い方によって，性質や意味が異なります。**そこで本項では，さまざまな意味をもつ「数」を，さまざまな視点から分類していきます。

① 3倍の大きさ！ たしかに3倍だ！

② 昨日 今日 2℃ 6℃ 昨日より3倍あつい！ なんか変だ…？

③ お前の3倍の順位！ なんかおかしいぞ？

④ お前の3倍の番号！ その3倍に意味があるの？

図1

■ 量的変数と質的変数

数は，ある決まった値のみを示す**定数**と，さまざまな値に変動する**変数**に分類されます（図2）。

さらに変数は，計量を目的とした**量的変数**と，分類を目的とした**質的変数**に分類されます（量的変数はその性質から**計量データ**，質的変数は**カテゴリーデータ**とよばれることもあります）。

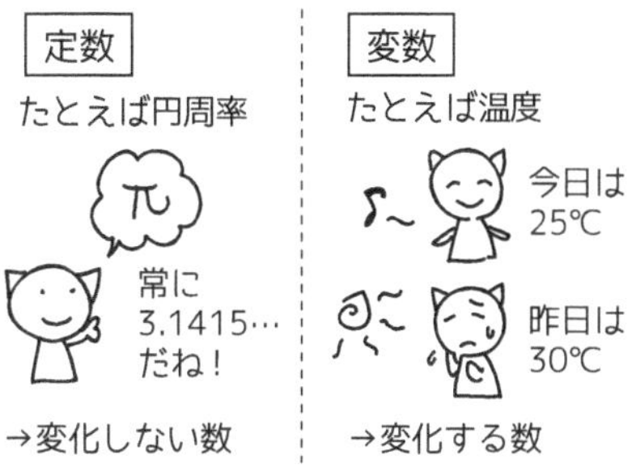

量的変数と質的変数は等間隔性の有無によって区別されます。長さの場合，図3のようにcmという長さの目盛りがあり，これらの目盛りによって等間隔性は保証されています。このように等間隔性をもつことで計量を可能とする変数が，**量的変数**です。

対して順位の場合，順位を測る目盛りはなく，図3のように各順位の間が等間隔とは限りません。このように等間隔性をもたず，分類を目的として用いられる変数を，**質的変数**といいます。

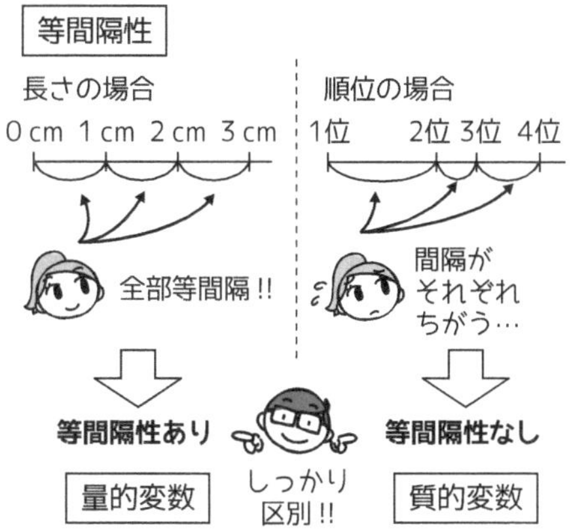

定数　たとえば円周率　π　常に3.1415…だね！　→変化しない数

変数　たとえば温度　今日は25℃　昨日は30℃　→変化する数

図2

等間隔性

長さの場合　0 cm 1 cm 2 cm 3 cm　全部等間隔!!　→等間隔性あり　量的変数

順位の場合　1位 2位 3位 4位　間隔がそれぞれちがう…　→等間隔性なし　質的変数

しっかり区別!!

図3

表1における①・②は量的変数，③・④は質的変数に相当します。

■ 4つの尺度水準

量的変数と質的変数を，さらに細かく**比率尺度・間隔尺度・順序尺度・名義尺度**の，**4つの尺度水準**に分類することができます。

量的変数は，絶対原点の有無で区別されます。**絶対原点**とは，何も存在しないことを示す0のことです。そして，量的変数のうち，絶対原点をもつ変数を**比率尺度**（比例尺度・比尺度），量的変数のうち，絶対原点をもたない変数を**間隔尺度**といいます。

たとえば次ページの図4のように，長さの0cmは，何も存在しないことを示す絶対原点です。そのため長さは比率尺度です。しかし温度の0℃は，まったく温度の存在しない状態ではないため，絶対原点ではありません[1]。よって，温度

---

1 まったく温度がない状態を示す「絶対零度」を用いた絶対温度ならば，比率尺度として扱われます。

は間隔尺度です。

比率尺度は，統計処理に最も適しています。間隔尺度は平均などの代表的な統計的処理は可能であるものの，図1の②のように直接的な乗除（かけ算・わり算）は意味をなしません。

質的変数は大小関係の有無で区別されます。質的変数のうち大小関係をもつ変数を順序尺度，大小関係をもたずに純粋な分類のみを表す変数を名義尺度といいます[2]。

たとえば図5のように，順位は1位・2位・3位という大小関係があるため順序尺度です[3]。ゼッケン番号は大小関係を表すものではないため名義尺度です。このように，順序尺度・名義尺度ともに質的変数であるため，**計量・計算はできません。**

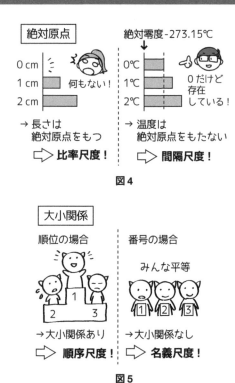

図4

図5

■ 評定値の注意点

例題1（1）のように，「あてはまらない－あてはまる」といった評価に対してそれぞれ得点を割りふることで，評価を数量化する方法をリッカート法といいます[4]。また，例題1（1）のように，1〜5の数値を割りふる場合は**5件法**といいます。1〜7までならば7件法です。

ではリッカート法は，4つの尺度水準のうちどれにあたるのでしょうか。ここで，**等間隔性**に注目します。図6のA君のように，なかなか「あてはまる！」と答えられない人にとっては，5は遠い位置にあり，4と5の間隔は他の間隔よりも広いと考えられます。逆に自信家で，何でも「あてはまる！」と考えてしまう，図6のB君のような人にとっては，1は非常に離れたところにあるに違いありません。このように，**リッカート法による尺度は，等間隔性が確保されていない質**

---

2 性別を男性0，女性1として入力したり，学部について文学部1，教育学が2…というように入力したりします。これも名義尺度にあたります。

3 ゼッケン番号が，申込順などを反映する場合は順序尺度といった方が適切です。本文では，ゼッケン番号がまったくのランダムで割り当てられているという仮定に基づいています。

4 リッカート法と類似した数量化の方法に「明るい－暗い」「早い－遅い」といった一対の形容詞を用意し，どちらに近いかを5件法や7件法などで評定させるSD法があります。

的変数**であり，大小関係のみを示す**順序尺度**にすぎない**と考えることができます。

　ここで，疑問が生じます。順序尺度は計算ができないはず。しかし実際には，これらの質問紙から得た評定値を集計し，平均値を求めたりさまざまな分析をかけたり…といった処理が行われている。どういうことでしょう？

　これは，順序尺度のデータを，<u>間隔尺度</u>**と仮定した上で統計処理を施している**のです。等間隔性を仮定しないかぎり統計処理ができないため，今日も（とくに心理の分野では）評定値を間隔尺度と仮定したうえで，さまざまな統計処理が行われています。よって，**質問紙の評定値に対する過信は禁物**です。

図6

　たとえば，アンケートにあらかじめ目盛りをつけて，等間隔を意識させるという工夫もあります。

1. 人の心の動きに　1 ②3 4 5
　敏感である。

2. みそ汁は赤だし　1 2 3 ④ 5
　に限る。

MORE!!

　無神経に5をつけるような人より，やや遠慮がちに4をつける人の方が「人の心の動きに敏感」な可能性も，十分に考えられます。そうすると，5段階評価は大小関係すら表しておらず，<u>名義尺度</u>にすぎない…と考えることも可能です。

尺度水準 まとめ

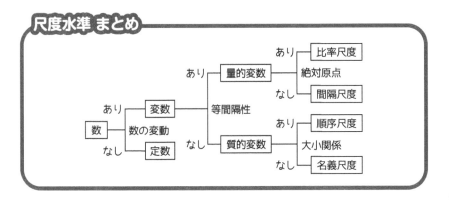

02 心理学の研究法

study of psychology

学習のポイント
☐ **心理学をどのように研究していくか，さまざまな視点でとらえよう。**
☐ **心理統計の出題がない学校でも頻出。整理して理解したい。**

About this word

　本項では心理学の研究法について，さまざまな視点から分類して紹介します。**心理統計が出題されない大学院でも頻出**の内容です。分類の視点を明確にし，混同しないように整理しながら学習していきましょう。

■ 研究の目的による分類

　1879年の<u>ヴント</u>による**世界初の心理学実験室の創設**以降，心理学では，客観的で実証性をもったデータを基に，心に関する一般法則を見つけ出すことに重きを置いてきました。このような，<u>人間の心や行動に関する一般法則を導き出すこと</u>を目的とする研究を，**法則定立的研究**といいます。

　法則定立的研究は近年まで心理学研究の中心でした。しかし一般法則が，すべての人にあてはまるとは限らないという批判が集まるようになります。その流れの中で，とくに発達心理学や臨床心理学の分野で注目が集まりはじめた研究が，個性記述的研究です。

　個性記述的研究では，<u>時間の経過とともに変化する特定の個人を，ありのまま記述していくこと</u>を目的とします。とくに**事例研究**が，この個性記述的研究の代表例として挙げられます。事例研究で得られた知見は，あくまで「ある個人のクライエントの変化」であるため，その結果を<u>多くのクライエントに一般化すること</u>は難しく，<u>異なる事例どうしの比較</u>も単純にできません。しかし，一般法則ではとらえきれない<u>クライエントの細かい変化や主観的体験（悩み・困難）</u>を，総合的に理解することが可能です。

　法則定立的研究と個性記述的研究，それぞれの特徴を表1にまとめます。

法則定立的研究

個性記述的研究

みんな同じ「人間」　　１人１人みんなちがう

⬇目的は？　　⬇目的は？

一般法則を発見！　　個人個人を理解する！

どっちが大事？　　どっちも大事！

図1

表1　研究目的による分類

	法則定立的研究	個性記述的研究
目的	一般的な法則を導く	各個人を細かく記述する
欠点	法則が適用されない場合がある	一般化や各個人の比較が困難

■ データの収集法による分類

　研究を進めるためのデータの収集法は大きく分けて，実験法・質問紙法・観察法・面接法の４種類に分類されます。

① 実験法

　実験法とは，独立変数のみ異なり，他はすべて統制された２群を用意し，従属変数の比較を行う**手法です**[5]。

　暴力映像が攻撃性に与える影響を検討するため，以下のような実験が行われた。被験者をＡ群とＢ群に分け，Ａ群には暴力的な映像を，Ｂ群には風景の映像を見せた。その後，被験者の攻撃性を測定し，Ａ群とＢ群に違いがあるか検討した。

　映像（**独立変数**）の違いによって，攻撃性（**従属変数**）に変化が現れたならば，その原因は映像の違いと考えられます。このように，実験法によるデータ収集は，因果関係を明らかにできることが利点です。ただし，実験という特殊な環境で起こったことが，現実場面でも必ず起こるとは言い切れません。このように，実験法から得られた知見については，実験環境特有のものであり，現実場面には適用できないという批判があります。

---

5 独立変数・従属変数，統制など，実験法に関わるさまざまな用語は，p.82「12　内的妥当性」で詳しく紹介しています。

② 質問紙法

質問紙法とは，質問紙を配布しそこに記入を求めることで，データを集める手法です。

インターネットの利用頻度と衝動的な暴言の頻度の関連を調査するため，インターネット利用頻度と，衝動的な暴言の頻度を問う質問項目を作成した。完成した質問紙は，大学の講義の場を借りて大学生達に配布され，その場で記入を求め，質問紙を回収した。

質問紙法は，実験法と比較して実施が容易で，しかも多くの人数からデータを集めることができるため，広く用いられています[6]。

質問紙法の欠点は，質問紙に反映される性格などの心理的特徴が，**本当にその人物の心理的特徴を的確に反映しているとは限らない**ことです。たとえば，「私は多くの友人がいる」という質問項目に「あてはまる」と答える人はみな，本当に友人が多いのでしょうか。ひょっとしたら「多くの友人が欲しい」と思っているだけで，実際には「さほど多くない」かもしれません。このように質問紙法は，**「現実自己」ではない「理想自己」が反映される**など，回答の歪みが生じやすいことが問題とされています。

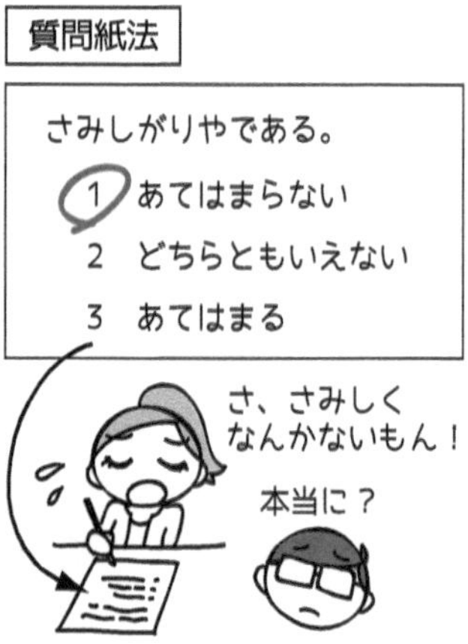

> 質問紙法
>
> さみしがりやである。
> あてはまらない
> 2 どちらともいえない
> 3 あてはまる

さ、さみしくなんかないもん！

本当に？

図2

③ **観察法**

観察法は，調査者自身が調査対象の諸要素について，直接観察して把握する手法です。

幼稚園児の，性差による遊び方の違いを検討するため，幼稚園の自由遊びの時間をビデオカメラで撮影した。幼稚園側と保護者には，研究以外の目的で撮影内容を用いないこと，研究発表から個人名が特定されることがないことを事前に説明し，了承を得た。撮影された映像をもとに，各児童の遊びの内容と遊びの時間をそれぞれ記録し，性差による違いを検討した。

---

6 多くのデータを集められることは，推測統計法の実施にあたり非常に大きな価値があります。詳しくはp.86「13 外的妥当性」で。

観察法では，観察対象の行動を記述したり，特定の行動の出現回数を記録したり，活動レベル（声の大きさや行動の持続時間など）を測定したりして，データを集めます。

観察法は言語を必要としないため，とくに言語が困難な対象（乳幼児，発達障害児など）に適用できるという利点があります。

欠点としては，あくまで自然な行動を対象とするため，**観察対象の行動が生起するまで待たねばならないこと，被観察者のプライバシーを考える場合，観察可能な行動には限界がある**[7]**こと**などが挙げられます。また，観察法によるデータの収集には，観察者の主観が多く含まれるという欠点も存在します。とくに，観察者がなんらかの期待や予測をもっている場合，その予測に合うように歪めて解釈してしまう恐れがあり，注意が必要です。

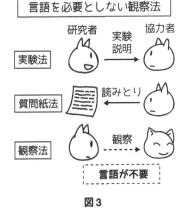

言語を必要としない観察法

図3

④ 面接法

面接法とは，調査者が被調査者に直接質問して，口頭で回答を求める手法です。

> 　中年期危機による精神的負担が大きい人と，そうではない人で，どのような差異があるかを探索的に調査するため，A社に所属する40代男性10名と50代男性10名に，1人あたり10分ほどの面接を行った。

面接法は直接質問するため，質問内容や意図が理解されやすく，さらに言語反応だけでなく，服装や髪型，視線やしぐさ，声色や話し方など，豊富な非言語的情報が収集可能です。

しかし情報の収集にあたり，期待や予測など調査者の主観性が混じることについては，観察法以上に注意を払う必要があります。また，**数量化が困難**であるため，統計的な分析に向かず，得られた知見を一般化することも困難です。

表2　データの収集法による分類

	利点	欠点
実験法	因果関係の特定が可能	現実場面との乖離がある
質問紙法	大人数のデータ収集が可能	回答の歪みが生じやすい
観察法	言語不要，現実場面の把握	観察者の主観が含まれる
面接法	微細なデータの収集が可能	数量化が困難，主観が含まれる

7　たとえば，お風呂やトイレの観察ができないことなどが挙げられます。

例題1

■ データの処理法による研究の分類

データの処理については，数量化するか否かによって二分されます。

① 量的研究

<u>収集された情報を数量化処理して分析する</u>場合は，**量的研究**とよばれます。実験や質問紙法で集められたデータは数量化が容易であるため，量的研究として扱われることが多いです。また，観察法や面接法でも，特定の行動や発言の回数をカウントするなどして数量化を行い，量的研究として処理することがあります。

量的研究では，<u>一部の集団（標本）からより大きな集団（母集団）を推測</u>する**推測統計法**が可能です[8]。これにより，法則定立的研究の目的である，人の心に関わる一般法則を見つけ出すことが可能となります。ただし，すべての量的研究が推測統計法を用いて法則定立的研究を行うわけではありません。個人の性格を把握するために心理アセスメントを用いて性格特徴を数量化して分析するなど，量的研究であっても，個々をより精緻に記述する個性記述的研究が行われることもあります。

量的研究	質的研究
A君　外向性　32 協調性　15 誠実性　35 開放性　10 神経症傾向　25	A君は自己主張が強い傾向があり，なかなか他者に合わせることが難しい。頑固なところもあるが反面、一度決めたことはやり抜くようだ。
数量化している‼	数量化していない！

図4

② 質的研究

<u>数量化処理をせず，記述データとして分析する</u>場合は**質的研究**とよばれます。面接法で得られた面接記録や，質問紙における自由記述回答などは，質的研究として用いられることが多いです。

数量化を行わないため，推測統計法の実施が困難で，得られた知見を一般化することができません。しかし，<u>数量化することが困難な細かい反応を，詳細に把握する</u>ことができます。よって，質的研究は個性記述的研究で多く用いられます。また，理論が十分に構築されていない<u>未知の領域に関する理論や仮説の生成</u>に，質的研究が用いられることもあります。

質的研究で提出された仮説やアイデアが，量的研究によって検討されることにより，一般化できる適用範囲を広げていくという方向で研究が進められることが望ましいといえるでしょう。

---

8 推測統計法の詳細は p.86「13 外的妥当性」で。

表3　データの処理法による分類

	量的研究	質的研究
数量化	する	しない
推測統計法	可能	不可能
研究の方向性	検証的	探索的
研究の目的	法則定立的研究 個性記述的研究	個性記述的研究

■ 臨床心理学特有の研究

　臨床心理学特有の研究として，心理療法の効果を検討する**効果研究**と，ある個人のクライエントの変化を詳細に記録する**事例研究**の2つが挙げられます。

　効果研究は，数量化して統計的に処理することが多いため，量的研究として扱われることが多いです。対して，事例研究は数量化せず，クライエントの詳細な変化を記述データとして残すことが多いため，質的研究として扱われることが多いです。いずれの研究も，研究対象がなんらかの困難を抱えて来談したクライエントであるという点で，倫理面により配慮することが求められます。

　なお近年は，心理学的介入に関する効果研究の計画を立案したり，問題点を指摘したりする出題が増加傾向にあります。そこで，効果研究については改めて**例題14**で扱うことにします。

MORE!!

　質的研究は「質的変数を対象とする研究のことである」という論述は，望ましくありません。たとえば，p.162では小学生の主な筆記具がシャープペンか鉛筆かについてカイ2乗検定という分析を行っています。このとき，主な筆記具（シャープペンか鉛筆か）は「名義尺度」であり「質的変数を対象とした量的研究を行っている」といえます。質的研究は「質的変数の分析」というより「**数量化が困難な部分に注目し，情報的価値を創造していく手法**」というニュアンスでとらえましょう。

心理学の研究法 まとめ
- ■ 研究の目的による分類…法則定立的研究⇔個性記述的研究
- ■ データの収集法による分類…実験法⇔質問紙法⇔観察法⇔面接法
- ■ データの処理法による分類…量的研究⇔質的研究

カントの"不可能宣言"を乗り越えるために

　心理学が扱う「こころ」は，目に見えないものであるため，常に曖昧さを伴うものになります。例えば「自尊感情が高い人」と聞いて，みなさんはどのような人物像を思い浮かべるでしょうか。「前向きで自己肯定感が高い人」と考える人もいれば「傲慢でプライドが高い人」と考える人もいるかもしれません。そして，後者の考え方には，若干ネガティブなニュアンスが含まれているようにも思います。また，「自尊感情が"高い"」といっても，どの程度高いのでしょうか。世間一般よりも少し高い程度なのか，それとも世間一般では考えられないぐらい高いのでしょうか？　このように「こころ」は，どうしても曖昧さを伴うことになります。

　そこで心理学では「**心理尺度を用いて，構成概念を操作的に定義した上で，測定する**」ということが頻繁に行われます。

　例えば，以下は代表的な心理尺度の1つであるローゼンバーグの自尊感情尺度です。心理測定のイメージをつかむ意味で，ぜひ取り組んでみてください。

	いいえ	どちらかといえばいいえ	どちらかといえばはい	はい
1．私は自分に満足している	1	2	3	4
2．私は自分がだめな人間だと思う（R）	1	2	3	4
3．私は自分には見どころがあると思う	1	2	3	4
4．私は，たいていの人がやれる程度には物事ができる	1	2	3	4
5．私には得意に思うことがない（R）	1	2	3	4
6．私は自分が役立たずだと感じる（R）	1	2	3	4
7．私は自分が，少なくとも他人と同じくらいの価値のある人間だと思う	1	2	3	4
8．もう少し自分を尊敬できたらと思う（R）	1	2	3	4
9．自分を失敗者だと思いがちである（R）	1	2	3	4
10．私は自分に対して，前向きの態度をとっている	1	2	3	4

（R）と付いているものは逆転項目とよばれるもので，「いいえ」を4点〜「はい」を1点と，点数の配置を逆転させて処理します。あとは，10個の質問項目の点数を合計してください。みなさんの「自尊感情」は何点になったでしょうか（なお，このように複数の質問項目を集計して得点化する尺度のことを**リッカート法尺度**といいます）。

　ここでは「自尊感情」を「ローゼンバーグの自尊感情尺度で測られたもの」と操作的に定義づけています。改めて自尊感情尺度の10項目を見ると，自尊感情が「自分に対する価値」「自分への肯定感」というニュアンスでとらえられており，「傲慢さやプライドの高さ」というニュアンスが少ないことがわかります。そのため，自尊感情尺度の得点が高かったからといって，その人が傲慢であるとは限らないことになります。

　このように，心理学で用いられている構成概念は曖昧さを伴うため，**どのように定義づけられたかを確認すること**が重要となります。これは，心理学の用語論述において，用語の定義を述べることが重要視される理由の1つでもあります。また，得点化することで「高い」「低い」などの**評価をより客観的に行うこと**が可能になり，他者を比較したり，平均値を求めたりなど，統計的な処理をすることが可能になります。そして，統計的な処理をすることで，科学的根拠のある理論を構築することが可能となります。

　かつて哲学者のカントは「心理学は，科学になり得ない」という発言をしました。この発言は**カントの不可能宣言**として知られています。科学には「数学」と「実験」が必要であるにもかかわらず，「こころ」は数字で表すことも，実験することもできないと，カントは考えていたからです。
　しかし心理学は，このカントの不可能宣言を乗り越えていく形で，発展していくことになります。心理学者たちは，さまざまな創意工夫によって「こころ」を測定する術を開発してきました。そして，その試みは現代もなお続いています。だからこそ「こころ」をどのように定義し，数量化するのか，その研究法について学ぶことが重要となるのです。

〈参考文献〉桜井茂男（2000）．ローゼンバーグ自尊感情尺度日本語版の検討．発達臨床心理学研究．**12**, 65-71.

03 縦断研究と横断研究

longitudinal / cross sectional study

学習のポイント

- [ ] 人間の発達をどのように研究していくか，さまざまな視点でとらえよう。
- [ ] 縦断と横断が逆にならないよう，しっかりイメージをつかもう。

About this word

　前項では，さまざまな心理学の研究法を紹介しました。本項では新たな視点として，人間の発達を研究するための視点を紹介します。それが縦断研究と横断研究・コーホート研究です。

■ 縦断研究

　縦断研究とは，特定の個人を追跡調査し続けることによって，その発達的変化を検討する手法のことです（図1）。

　個人の発達的変化を追い続ける，という点で，発達研究としては最もシンプルかつ理想的な形ですが，たとえば図1のように，6年後の変化を見るためには，研究者も6年待たねばならず，時間的コストが非常に大きいことが欠点です。また，多くの対象者を追跡することも困難であるため，統計的処理に耐えられるだけのデータを集めることが困難です。以上のようなさまざまな特徴から，縦断研究は個性記述的研究として用いられることが多いです。

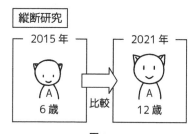

図1

■ 横断研究

　横断研究とは，縦断研究のように特定の個人を追跡し続けるのではなく，異なる年齢集団を一度に用意し，その集団間の差異から発達的変化を検討する手法です。たとえば図2のように，一度に集められた6歳児の集団と12歳児の集団を比較することで，小学校1年生から小学校6年生までの発達的変化を検討する，という形で用いられます。横断研究は，集団の全体的特徴を抽出しようとしているこ

とから，法則定立的研究で多く用いられます。

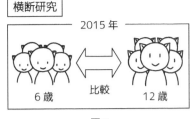

横断研究は一度にデータを収集できるため，縦断研究と比較して時間的コストが小さく，多くのデータを集めることも可能です。ただし，この時に集められた6歳児集団が6年後に12歳になった時に，調査時の12歳児集団と同じ特徴をもっている保証はありません。同じ12歳でも，ゆとり教育前の12歳児と，ゆとり教育後の12歳児は異なる特徴をもつことが予想されるように，横断研究は，育った時代の影響を統制することができないのです。なお，この同時期に生まれ育ち，共通した時代背景の影響を受けている個人の集団のことをコーホートとよびます。

■ コーホート研究

コーホート研究は，前述したコーホートを直接研究する手法です。たとえば図3のように，戦時中の12歳児と現代の12歳児を比較して，コーホートの影響を検討する，といった形で用いられます。縦断研究同様，時間的コストが大きいことや，統制の困難さが欠点として挙げられます。

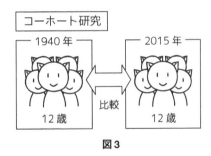

なおコーホート研究は，それぞれのコーホートの加齢による変化を追うことを目的として，縦断研究と組み合わせて用いられることもあります。

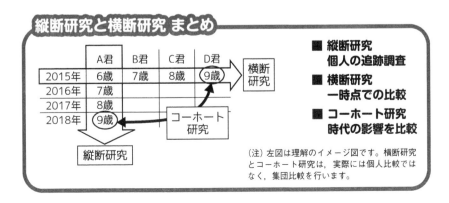

確認問題 1

(1) 以下の問いに答えなさい。

問 I 次の変数について、質的変数ならばA、量的変数ならばBと答えなさい。

① 反応時間　　② 職種　　③ 体重　　④ 郵便番号

問 II 次の変数は、どの尺度水準か。比率尺度ならばA、間隔尺度ならばB、順序尺度ならばC、名義尺度ならばDと答えよ。

① 電話番号　② 月々の小遣い　③ クラス内の成績順位　④ 西暦

解　説

問 I 質的変数と量的変数を等間隔性の有無で判断することが苦手な人は、質的変数は「分類データ」、量的変数は「測定データ」と判断するのもよいかもしれない。分類しているのは、②職種と④郵便番号であり、測定しているのは①反応時間と③体重である。

問 II ① 電話番号は分類データであるから質的変数で、かつ大小関係もないので名義尺度。

② 月々のお小遣いは、0円が絶対原点（＝お小遣いがない）であるため、比率尺度。

③ 成績順位は、等間隔性はないが大小関係はあるので、順序尺度。

④ 西暦は、等間隔性はあるが西暦0年が絶対原点ではないので、間隔尺度（なお厳密には「うるう年」の存在によって等間隔ではなく、その点を厳密に考慮しなければならない場合は、間隔尺度とみなすべきではない）。

解　答

問 I　① B　② A　③ B　④ A

問 II　① D　② A　③ C　④ B

(2) 以下の①・②の両方について，それぞれ問いに答えなさい。

① A君の父親は，A君の誕生日が来るたびに，身長がどれくらいになったか，家の大黒柱に数値とともに刻み込んでいる。以下のデータは，A君の家の大黒柱に刻まれた，A君の身長の推移である。

学年	小1	小2	小3	小4	小5	小6
身長（cm）	108	115	124	132	141	151

② 小学校の教師であるBさんは，2014年の全校生徒の身体測定のあと，各学年の身長の平均値を算出し比較してみた。以下のデータは，Bさんの小学校の，2014年度の各学年の身長の平均値である。

学年	小1	小2	小3	小4	小5	小6
身長（cm）	116.5	122.5	128.7	133.8	139.2	145.1

問 I 　①・②のアプローチは，縦断研究と横断研究のいずれに相当するか。

問 II 　①・②のアプローチは，量的研究と質的研究のいずれに相当するか。

問 III 　①・②のアプローチは，心理学における法則定立的研究と個性記述的研究のいずれに相当するか。

解　説

問 I 　①は追跡調査なので縦断，②は2014年の一時点なので横断。

問 II 　どちらも身長を数量化しているため，量的研究。

問 III 　①はA君個人の理解なので，個性記述的。②は学年の変化に伴う一般的な小学生の身長の変化を検討しているため，法則定立的。

解　答

問 I 　① 縦断研究　　　② 横断研究

問 II 　① 量的研究　　　② 量的研究

問 III 　① 個性記述的研究　　　② 法則定立的研究

例題1 解答・解説

論述解答例

(1) 今回の質問紙調査のように評価に数値を割りふることを，リッカート法という。このリッカート法では，等間隔性が保証されていない。たとえば今回は，「あてはまる」に5が，「ややあてはまる」に4が，「どちらともいえない」に3が割りふられているが，この5と4の間隔が，4と3の間隔と等しいという保証はない。よってこのリッカート法による評定値は，等間隔性をもたず，数値の大小関係のみを示す，順序尺度と考えられる。

(2) 心理学の研究法にはさまざまな種類があるが，ここでは法則定立的研究と個性記述的研究の2つに注目する。法則定立的研究とは，人間の心や行動に関する普遍的で一般的な法則を導き出すことを目的とする研究のことである。ヴントのライプチヒ大学における心理学実験室の創設以来，心理学は，哲学的な思想で人の心を語るのではなく，客観的なデータを収集し，それを明確な根拠として人の心に関する理論を構築する「科学」であることを目指してきた。そのため法則定立的研究は近年まで心理学研究の中心であった。

　しかし，人間が生きる環境は複雑であり，発見された一般法則が常に現実生活に適するとはかぎらないという批判が集まる。そのような法則定立的研究の欠点を補うために，とくに発達心理学や臨床心理学の分野で注目が集まりはじめた研究が個性記述的研究である。

　個性記述的研究では，自然な現実場面で，時間の経過とともに変化する特定の個人をありのまま記述していくことを目的とする。事例研究などがこの個性記述的研究に分類される。あくまで個人の記述であるため，得られた知見を一般化することは難しく，異なる事例どうしの比較も単純にできないが，法則定立的研究で導かれるような一般法則ではわからない個人の微細な側面を総合的にとらえることが可能である。

　法則定立的研究と個性記述的研究を対立的なものととらえるのではなく，欠点を補うためにそれぞれを併用することが望ましい。

解　説

(1) については p.23 の MORE!! のように名義尺度と考えることも可能。(2) は選んだ2つの研究法だけでなく，その2つの関連性まで述べられると，より質の高い論述になるといえるだろう。

　心理測定における信頼性と妥当性について，ダーツを比喩にして考えてみたい。なお，本問ではダーツを「一定の距離から的の中央を狙って矢を投げることにより，得点を競い合う競技」と定義する。そして仮に的の中央が，心理測定によって調査したい構成概念を表しているとした場合，信頼性と妥当性をどのように説明することができるだろうか。

　以下の3つの図も参考にしながら，述べなさい。

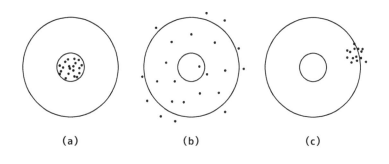

| (a) | (b) | (c) |

例題2の攻略ポイント

・信頼性と妥当性という2つの概念を，ダーツの比喩で説明させる出題。
・「信頼性・妥当性とは何か」「両者の違いは何か」を理解していれば，決して困難な論述ではない。まず，信頼性と妥当性を正しく理解しよう。

 用語解説は次ページから　 解答例は p.48

04 信頼性

reliability

学習のポイント
☐ 院試における最頻出用語。確実に定義をおさえよう。
☐ 4つの測定法は，いずれも院試に出題される可能性あり。

About this word

信頼性とは，<u>測定値が偶然や測定誤差によって影響を受けない程度</u>を示す概念で，<u>追試による安定性・一貫性</u>のことです。同一対象に対して追試をくり返した場合，毎回安定した結果が得られれば「信頼性が高い」，大きく結果が変動すれば「信頼性が低い」といえます。

たとえば，ある体重計AとBで体重を測るとします。体重計A（図1）のように，乗るたびに違う結果が出たならば，この体重計Aの<u>信頼性は低い</u>といえます。

対して，体重計B（図2）のように，何回乗っても安定した結果が得られるならば，この体重計Bの<u>信頼性は高い</u>といえます。

では例題2の場合はどうなるでしょうか。結果の安定性や誤差の大小に注目すると，次ページの図3のように信頼性の高低を分類することができます。ここで (a) と (c) に注目してください。(a) と (c) のどちらも安定した結果を得られているので，信頼性は高いと評価できます。ですが，(c) はダーツの成績としてはイマイチですよね。このように，**信頼性が高いからといって，内容が的確であるとは限りません。**

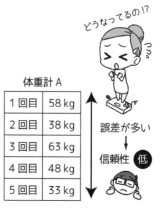

体重計A

1回目	58 kg
2回目	38 kg
3回目	63 kg
4回目	48 kg
5回目	33 kg

誤差が多い
↓
信頼性 **低**

図1

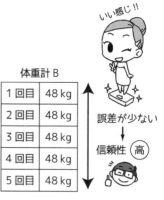

体重計B

1回目	48 kg
2回目	48 kg
3回目	48 kg
4回目	48 kg
5回目	48 kg

誤差が少ない
↓
信頼性 **高**

図2

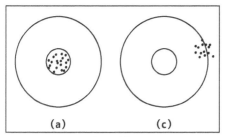
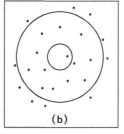

信頼性が高い
（誤差が少ない，安定している）

信頼性が低い
（誤差が多い，安定していない）

図3

　よって図2の体重計Bは，確かに
48kgで安定しており信頼性が高いと
いえますが，図3の (c) のように「大外し
している」＝「体重が48kgではない」可
能性があるのです。このように，**信頼性
の高さと内容の的確さは同一ではないの
で，注意しましょう**（内容の的確さは<u>妥
当性</u>という概念で表します。詳細は次項
で詳しく紹介します）。

(a) と (c) の違いに
注目してみよう

信頼性が高くても
的確とは限らない…？

そのとおり！
と，いうことは…？

さっきの体重計Bも
実は (c) のような
状態だとしたら…？

体重48kg
じゃないかも ?!

信頼性の高さと
内容の的確さ（妥当性）は別である !!

図4

■ 信頼性の測定

　信頼性の測定方法には大きく分けて4
つあります。

① 再テスト法

　再テスト法とは，<u>同じ集団に同一のテ
ストを，一定期間を置いて二度実施し，
2回の得点間の相関係数</u>[1]<u>を算出する方法</u>です（図5）。
　しかし実施に一定期間を置くため，信頼性の高低が判明するまでに<u>時間的コス
ト</u>がかかること，<u>記憶や学習の効果</u>が見られた場合，2回目の実施結果に変化が
生じてしまうことなどの欠点が挙げられます。

② 平行テスト法

　平行テスト法とは，<u>同じ集団に形式・難易度などが等質と考えられる2つのテ
ストを同時に実施し，2つのテストの得点間の相関係数を算出する方法</u>です（図6）。

---

1 相関関係…2つの変数の「関連の強さ」を表す値のこと。詳細は p.70「10 相関係数」で。

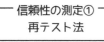

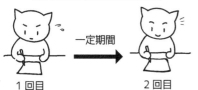

A・Bは「平行テスト」
（表現は異なるが
内容、難易度が同じ
2種類のテスト）

テスト結果

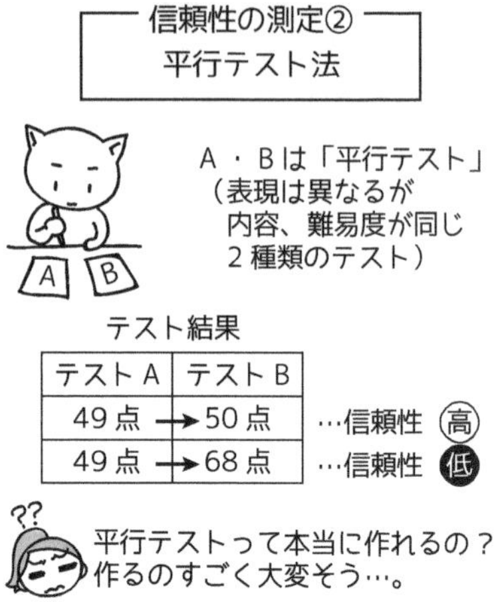

テストA	テストB	
49点 → 50点		…信頼性 高
49点 → 68点		…信頼性 低

平行テストって本当に作れるの？
作るのすごく大変そう…。

テスト結果

1回目	2回目	
50点 → 51点		…信頼性 高
50点 → 70点		…信頼性 低

1回目の内容を覚えていたから
点数が増えたんじゃない？

図5　　　　　　　　　　　　図6

　同時に実施するため，再テスト法のような時間的コストがなくなります。また，2つのテストを実施するために記憶や学習の効果も防ぐことができ，再テスト法の欠点は解消されています。しかし，形式や難易度が等質な<u>2つの平行テストを作成することそのものが困難</u>であることが欠点です。

③ 折半法

　折半法は，<u>1つのテスト項目を等質な2群に折半し，両者の得点間の相関係数を算出する方法</u>です。

　平行テスト法のように2つのテストを作成する必要がなく，平行テストの欠点が解消されています。しかし，<u>等質な2群に折半することの困難さ</u>が欠点です。折半方法として，図7の①③⑤と②④⑥のように，奇数番号と偶数番号で2群に分ける方法がありますが，それで等質な2群に分けられたのかどうかは，大いに疑問が残ります。

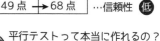

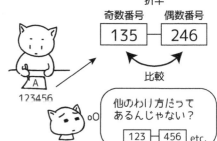

テスト結果

奇数番号	偶数番号	
50点	49点	…信頼性 高
50点	30点	…信頼性 低

偶数に難しめが集まったんじゃ…？
どのわけ方ならうまくいくんだろう？

図7

④ α係数

α係数とは，考えられるす
べての折半パターンの相関係
数を算出し，その平均値を求
めたものです。

たとえば6項目を2群に折
半する場合，図8のように全
部で10種類の折半パターン
が考えられます。ここで，折
半法のように「10種類の中
からどれか1つを選ぶ」ので
はなく，「10種類すべての相
関係数の平均」を用いるので
す。このことにより，すべて
の折半パターンを考慮したこ
とになります。

欠点としては，**計算処理の
煩雑さ**が挙げられますが，近

α係数が

高い（0.7以上が目安）…信頼性 (高)

低い（0.7未満が目安）…信頼性 (低)

図8

年のコンピュータの発展により大きな問題ではなくなりました。そのため，**現在
では信頼性の測定としてα係数が最も用いられています。**

MORE!!

α係数は，項目の一貫性・等質性を表す概念である**内的整合性**に基づいて，信
頼性を推定しているといわれています。内的整合性という概念を用いてα係数を
説明できるようになると，1ランク上の論述が可能になります。

信頼性 まとめ

■ **信頼性**とは，追試による安定性・一貫性のこと。

■ 信頼性が高くても，内容が的確ではない可能性がある。

■ 再テスト法，平行テスト法，折半法，α係数の4つの測定法がある。

例題2

05 妥当性

validity

学習のポイント

☐ 院試における最頻出用語。信頼性と明確な区別を。
☐ 妥当性の3つの視点は，最優先でおさえておこう。

About this word

妥当性とは，測定値が，測定したい心理的特性や行動をどの程度的確にとらえているか，その程度を表す概念です。

体重48kgの人

たとえば図1のように，体重48kgの人が体重計に乗った時，正しく48kgと示している体重計Cの妥当性は高く，60kgと示している体重計Dの妥当性は低いことになります。

体重計C
妥当性が高い

体重計D
妥当性が低い

図1

例題2を妥当性の観点でまとめると「**的の中心をとらえている**」＝「**妥当性が高い**」と判断できるため，以下の図2のようになります。

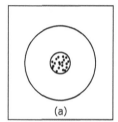

(a)

妥当性が高い
（内容が的確である）

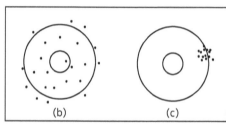

(b)　(c)

妥当性が低い
（内容が的確ではない）

図2

前項でも少し触れたように，**信頼性の高さは妥当性の高さを保証するものではありません。**たとえば図3のように，「5g分目盛りがズレたはかり」があったとします。このはかりは，常に100gの物質を105gと計測します。何回計測しても，105gと「安定して」測定してくれるので，信頼性が高いといえます[2]。ただし，本当の物質の重さは

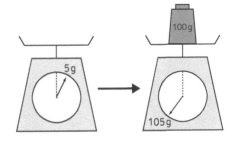

毎回105gという同じ値を示す　→**信頼性が高い**
でも真実は100gである　→**妥当性は低い**

図3

100gですから，物質の重さを「的確に」測定しているわけではありません。よって，妥当性は低いのです。

例題2を信頼性と妥当性を総合してまとめると，以下の図4のようになります。

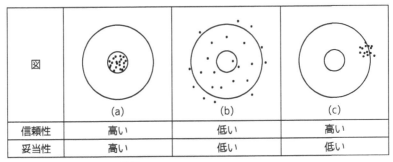

図	(a)	(b)	(c)
信頼性	高い	低い	高い
妥当性	高い	低い	低い

測定においては
信頼性と妥当性の両方が必要!!

図4

MORE!!

　図4には「**信頼性が低く，妥当性が高い**」状況がありません。仮に図示すると，右の (d) のようになります。ただし，(d) の信頼性が低いといっても (b) よりは高いですし，(d) の妥当性が高いといっても (a) よりは低いです。信頼性が低くなるほど，妥当性の確保は困難になるので，信頼性が極端に低い状況で妥当性が高いことは起こりえません。

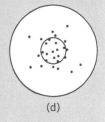

(d)

---

2 信頼性が高くても，信頼できませんね。信頼性という言葉を信頼してはいけない（！）のです。

■ 妥当性の視点

妥当性は，さまざまな視点から「的確であるかどうか」を複合的に検討します。ここでは代表的な視点を3つ紹介します。

① 内容的妥当性（内容妥当性）

内容的妥当性とは，「測定概念に関わる領域を，網羅できているか」という視点で妥当性を検討するものです。

たとえば図5のように，体力測定の項目が「握力」「ハンドボール投げ」「懸垂」の3つだけだったら，測定内容が腕に偏りすぎており，体力を的確に測定できているとはいえません。この場合，内容的妥当性が低いと評価します。

内容的妥当性の検討としては，測定領域の分類をリストアップして，数人の専門家に妥当性の高さの一致を求める方法が主流です。

② 基準関連妥当性

基準関連妥当性とは，「理論的に関連が予測される外的基準と，どの程度関連しているか」という視点で妥当性を検討するものです。

たとえば図6のように，就職適性試験の高成績が入社後の高い業績に結びついているならば，試験は的確に就職適性を測っているといえるでしょう。この場合，基準関連妥当性が高いと評価します。対して，入社後の業績が伸び悩んでいた場合，試験は的確に就職適性を測っていなかった可能性があります。この場合，基準関連妥当性は低いと評価します。

もし、体力テストがこの3つだったら…？

握力　　ハンドボール投げ　　懸垂

これって、腕ばっかじゃない？

体力に関係する領域をカバーしているとはいえないね

⇩

内容的妥当性は低い！

図5

図6

③ 構成概念妥当性

　構成概念妥当性とは，「測定しようとする構成概念が，実際にどれくらい適切に測定されているか」という視点で妥当性を検討するもので，妥当性の中でも最も重要といわれています。

　さまざまな不安を測る不安検査が開発されていますが，それらの検査は本当に「不安」という構成概念を的確に表現しているのでしょうか。知能検査は，本当に「知能」という構成概念を的確に表現しているのでしょうか。的確に不安や知能を測定できているならば構成概念妥当性は高く，不安や知能ではない別のものを測定してしまっているならば構成概念妥当性は低いことになります（図7）。

　心理学は，心という見えない存在…まさに研究者たちによって構成された「構成概念」を扱う学問であるため，この構成概念妥当性がとくに重要視されるのです。

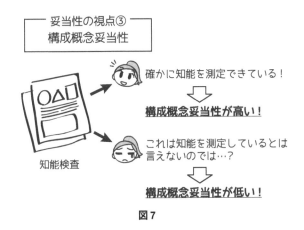

図 7

MORE!!

　妥当性を表す言葉は多数あります。詳細は次ページのコラムをご確認ください。また，**内的妥当性・外的妥当性**という言葉が用いられることもあります。内的妥当性の詳細は p.82「12　内的妥当性」で，外的妥当性の詳細は p.86「13　外的妥当性」で紹介します。

妥当性 まとめ

- ■ **妥当性とは，測定したい心理的特性や行動をどの程度的確にとらえているかを表す概念。**
- ■ **妥当性をとらえる視点にはさまざまなものがあり，代表的な視点は「内容的妥当性」「基準関連妥当性」「構成概念妥当性」。**

妥当性の詳細な分類

　妥当性に関しては，これまでに紹介してきた内容より，さらに細かい分類が存在します。そこで参考として，内容的妥当性・基準関連妥当性・構成概念妥当性のさらに細かい分類を以下に紹介します。なお近年は，妥当性を3つに分類せず，構成概念妥当性1つに集約して考える流れもあります。

＜内容的妥当性の分類＞

表面的妥当性：尺度が何を測定しているように見えるか，という観点で妥当性を検討する。尺度に関する実施者の説明と，尺度回答者が感じる内容のマッチングが高ければ，表面的妥当性が高いとみなす。

論理的妥当性：尺度の測定領域が決定されている場合，尺度の項目や内容がその領域を十分に代表するものであるか検討する。主に専門家が判断し，尺度の項目や内容がその領域を十分に代表するものであれば，論理的妥当性が高いとみなす。

＜基準関連妥当性の分類＞

予測的妥当性：その尺度で測定された構成概念を特性としてもつ個人が，未来にどのようになるのかを確認する。構成概念から予測されるとおりの状態が実現したならば，予測的妥当性は高いとみなす。

併存的妥当性：尺度と関連が予測される別の概念の測定を，同時に実施する。関連していれば，併存的妥当性が高いとみなす。

＜構成概念妥当性の分類＞

収束的妥当性：理論的に同じ構成概念を測定していると考えられる，ほかの尺度・行動指標などとの相関が高いならば，収束的妥当性が高いとみなす。

弁別的妥当性：理論的に相関がないと予想される構成概念を測定している尺度・行動指標などとの相関が低いならば，弁別的妥当性が高いとみなす。

確認問題2

各文の（　　）に，信頼性と妥当性のどちらが入るか答えなさい。

① α係数は，（　　　　　）の指標として多く用いられている。

② 計算能力全般を測定する計算テストに，小数計算の問題が1問もないようでは，その計算テストの（　　　　）が高いとはいえない。

③ 質問紙性格検査を受けたある被検査者は，ほとんどの項目に「5（とてもあてはまる）」を記入していた。この場合，この性格検査の結果は（　　　　）が高いとはいえない。

④ 質問紙性格検査において，被検査者が自分をよく見せようと回答を歪めた場合，検査結果の（　　　　）は低いと考えられる。

⑤ 新たなテストを開発した場合，同じ構成概念を測定する過去のテストの結果との相関係数を算出して，新テストの（　　　　）をチェックする。

⑥ 新たなテストを開発した場合，そのテストを一定時間空けて2度実施し，両者の結果の相関係数を算出して，新テストの（　　　　）をチェックする。

解　説

① α係数は，内的整合性に基づく信頼性の指標として用いられる。

② この文の場合，とくに内容的妥当性に問題があると考えられる。

③ この事態は，被検査者の検査への動機づけの低さが原因で起こることもあるが，質問項目が多すぎたり，質問内容が読み取りづらかったりなど，検査そのものの問題で起こる場合もある。結果として，被検査者の性格を的確に反映しているとはいえず，妥当性に問題が生じる。

④ 質問紙性格検査では，社会的望ましさや防衛的な態度による回答の歪み（バイアス）が生じやすく，妥当性の問題が起こりやすい。

⑤ このように構成概念妥当性をチェックすることを指して「収束的妥当性を検討する」と表現する。

⑥ 再テスト法による信頼性の検討と考えられる。

解　答

① 信頼性　　② 妥当性　　③ 妥当性

④ 妥当性　　⑤ 妥当性　　⑥ 信頼性

例題2 解答・解説

論述解答例

　信頼性とは測度の安定性であり，誤差の少なさである。具体的には，再検査を行った場合，同様の結果が得られれば信頼性が高く，再検査を行う度に大きな誤差が生じるならば，信頼性が低いといえる。ダーツを比喩にして考えた場合，(a)と(c)は何回投げてもほぼ同じ場所に命中しているため誤差が小さい，すなわち信頼性が高いと考えられる。だが(b)は投げる度に異なる場所に当たっているため誤差が大きい，すなわち信頼性が低いと考えられる。

　対して妥当性とは，測度の適切さである。具体的には，測定したい構成概念を的確に測定できていれば妥当性は高く，構成概念を的確に測定できていなければ妥当性は低い。ダーツを比喩にして考えた場合，的の中心に矢が集まっている(a)は，適切な場所に投げられているという意味で妥当性が高いと考えられる。対して(c)は，適切な場所に投げられていないという意味で妥当性は低いと考えられる。もともと信頼性が低い(b)は，投げる場所の適切さを判断するに値しないため，やはり妥当性は低いと考えられる。

　以上のことから，(a)は信頼性も妥当性も高い状況を，(b)は信頼性も妥当性も低い状況を，(c)は信頼性こそ高いが妥当性は低い状況を，それぞれ表している。ダーツで(a)の状況が望ましいように，測定においても信頼性と妥当性の両方が高いことが望ましい。

解　説

　下記の表も参考にして，両者を明確に区別して論述できるようにしておきたい。

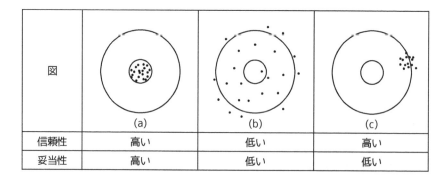

図	 (a)	 (b)	 (c)
信頼性	高い	低い	高い
妥当性	高い	低い	低い

小学生の社会的スキルの獲得を目指す新しい介入法Xが開発され，従来の介入法Yとの比較が行われることになった。小学生児童20名を無作為に2群に分け，介入前と介入後の社会的スキルについて観察者による評定が行われた。評定の結果は以下のとおりである。

介入法X実施前　17, 16, 18, 17, 16, 15, 15, 17, 18, 16
介入法X実施後　18, 20, 20, 19, 20, 20, 19, 19, 20, 19

介入法Y実施前　15, 14, 16, 14, 17, 15, 14, 15, 16, 17
介入法Y実施後　16, 17, 18, 17, 16, 17, 16, 17, 17, 18

問1　上記の結果について度数分布表を作成し，平均値・中央値・最頻値を求めなさい。

問2　上記の結果をヒストグラムに表しなさい。

例題3の攻略ポイント

・度数分布表やヒストグラム，平均値，中央値，最頻値など，データの特徴をまとめるさまざまな視点を理解し，活用できるようになろう。
・正解は1つではなく，さまざまなデータの整理法が考えられる（なお，例題9では同問題について，別の視点でデータの整理を行っている）。

 用語解説は次ページから　▶ 解答例は p.58

06 度数分布表

frequency table

学習のポイント
☐ 度数分布表・ヒストグラムを，自分で作成できるようになろう。
☐ 棒グラフとヒストグラムの違いを区別できるようにしておこう。

About this word

　データを集めたら，即分析！　ではなく，まず自分が集めたデータについて整理し，特徴を把握しておく必要があります。対象集団から得たデータに関する情報を直接取りまとめ，集約することを記述統計法[1]といい，主に以下のようなものがあります。

① 特徴を直感的につかむ … 度数分布表，ヒストグラム
② 特徴を数学的につかむ … 代表値・散布度など[2]

　まず本項では，度数分布表とヒストグラムを用いて，データの特徴を直感的につかむ方法を学びます。

■ 度数分布表とは

　例題3のデータを度数分布表にまとめると，以下のようになります。度数とは，ある値を示すデータの「個数（人数）」のことです。この表から，介入法Xの実施前で「5点」だった人は「2人」とわかります。

表1　例題3の度数分布表

介入法X 実施前	得点	13	14	15	16	17	18	19	20
	度数	0	0	2	3	3	2	0	0

介入法X 実施後	得点	13	14	15	16	17	18	19	20
	度数	0	0	0	0	0	1	4	5

介入法Xの
実施後すごい

---

1 得た値から他の集団を推測する場合は推測統計法とよばれ，記述統計法とは区別されます。
2 他には相関係数の算出があります。詳細は p.70「10　相関係数」で。

介入法Y 実施前	得点	13	14	15	16	17	18	19	20
	度数	0	3	3	2	2	0	0	0

介入法Y 実施後	得点	13	14	15	16	17	18	19	20
	度数	0	0	0	3	5	2	0	0

実施後の方が、点数が高い人が多い

例題3のようにただ羅列されている状態よりも，かなりわかりやすくなったと思います。介入法Yよりも介入法Xの方が全体に得点が高いこと，介入法Xの実施後が高得点であること…などがより明確に見えてきます。

例題3

■ ヒストグラムと階級

度数分布表をよりわかりやすくするため，図1のようなグラフにまとめます。これを**ヒストグラム**といいます。ヒストグラムを作成することで，データの特徴がよりつかみやすくなります。

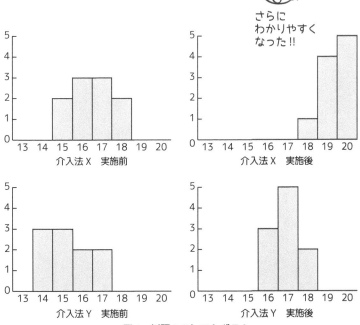

さらにわかりやすくなった!!

図1　例題3のヒストグラム

ヒストグラムに表わすことで，さらにデータの特徴が明確になりました。とはいえ，ヒストグラムの目的は左ページにもあるように「データの特徴を直感的につかむ」ことなので，このヒストグラムの見た目だけで安易な考察を述べてはいけません（このデータに対するより詳細な統計的分析は，p.121以降で行います）。

では、例題3のように10までではなく、40までなど、数の範囲が広い場合、どうすればよいのでしょうか。この場合、1〜40まですべて作成すると細かすぎるので、まずデータを**階級**とよばれる範囲に分け、その範囲をもとに度数分布表・ヒストグラムを作成します。

以下の例は、ある調査で測定された、1点から40点で表される「個人主義傾向」をまとめたものです。階級の幅が10の時と5の時で、異なる度数分布表・ヒストグラムになることがわかります。このように、**階級の幅の設定によって、度数分布表もヒストグラムも変化**します[3]。

(例) 個人主義傾向 (最低点1, 最高点40)

階級を設定しないと…?

得点	1	2	3	4	5	6	7	8	9	…	…	39	40
度数	0	1	0	1	0	3	5	3	4	…	…	1	1

細かすぎて
よくわからない!

階級10の場合

階級	1-10	11-20	21-30	31-40
度数	20	72	102	26

階級5の場合

階級	1-5	6-10	11-15	16-20	21-25	26-30	31-35	36-40
度数	2	18	24	48	56	46	23	3

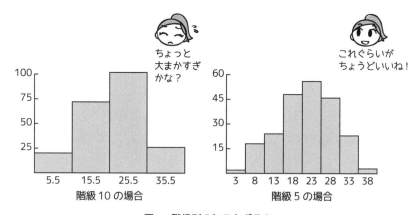

ちょっと
大まかすぎ
かな?

これぐらいが
ちょうどいいね!

図2　階級別のヒストグラム

---

3 階級の幅をいくつに設定するかについては、厳密な規則がありません。あくまで度数分布表はデータの特徴を「なんとなく」つかむことが目的なので、行う研究や今後の分析にとって、一番有益な特徴をつかみやすい階級の幅が、最も適した階級の幅といえるでしょう。

ここまで紹介してきた度数分布表やヒストグラムは，直感的なデータの把握が目的であるため，これらだけで統計的な解釈はできません。それでも，複雑な分析を行う前に度数分布表を作成し，データの特徴を直感的に把握しておくことは，非常に大切です。図3のように，入力ミスや逸脱データなどを発見できることもあります。

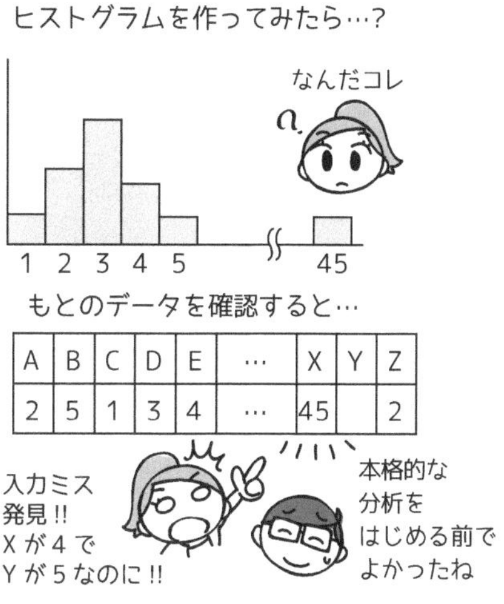

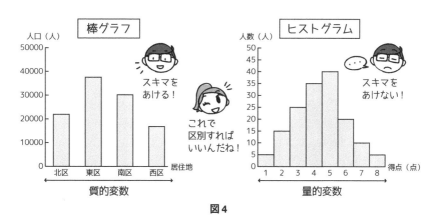

ヒストグラムを作ってみたら…？

なんだコレ

もとのデータを確認すると…

A	B	C	D	E	…	X	Y	Z
2	5	1	3	4	…	45		2

入力ミス発見!!
Xが4で
Yが5なのに!!

本格的な分析をはじめる前でよかったね

図3

■ 棒グラフとヒストグラム

　最後に，ヒストグラムと非常に類似した，**棒グラフ**との区別を確認します。棒グラフは質的変数に，ヒストグラムは量的変数にそれぞれ用いるという違いがあります。また棒グラフは，それぞれの棒が独立しているため，棒と棒の間を空けて描きますが，ヒストグラムは，それぞれの棒に連続性があるため，棒と棒の間を詰めて描きます。注意して区別できるようにしておきましょう。

棒グラフ

人口（人）

スキマをあける！

これで区別すればいいんだね！

居住地

質的変数

ヒストグラム

人数（人）

スキマをあけない！

得点（点）

量的変数

図4

度数分布表 まとめ

■ 度数分布表とは，データの度数（個数）をまとめた表のこと。

■ データの特徴を直感的に理解し，分析の方向性を確認したり，逸脱データを発見したりするために用いる。統計的解釈には適さない。

07 代表値

measure of central tendency

About this word

データをその名の通り代表するような値を代表値といい，図1のように**平均値・中央値・最頻値**の3つがあります。それぞれの特徴をおさえていきましょう。

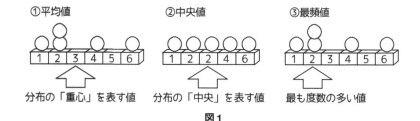

①平均値　　　　　②中央値　　　　　③最頻値

分布の「重心」を表す値　分布の「中央」を表す値　最も度数の多い値

図1

■ 平均値

データの総計を度数の和で割った値を**平均値**[4]といいます。代表値の中では最も有名かつ多く使用されており，さまざまな統計分析に使用しやすい値です。たとえば，例題3（p.49）について平均値を求めてみます。

介入法X　実施前

$(17+16+18+17+16+15+15+17+18+16) \div 10 = \underline{165} \div 10 = \underline{16.5}$

介入法X　実施後

$(18+20+20+19+20+20+19+19+20+19) \div 10 = \underline{194} \div 10 = \underline{19.4}$

同様に，介入法Yの実施前の平均値を求めると$\underline{15.3}$，介入法Yの実施後の平

---

4 正式には算術平均といいます。院試レベルでは基本的に，幾何平均など他の平均の算出法を理解する必要はありません。しかし，院試で算術平均の手計算が求められることはあります。そのため，算術平均については手計算で求められるようにしておくとよいでしょう。

均値を求めると <u>16.9</u> となります。

平均値は統計的に最も使いやすい値なのですが，**外れ値の影響を受けやすい**という欠点をもっています。**外れ値**とは，<u>他の値と比べて極端に低かったり高かったりする値</u>のことです。

図2を見てください。1, 2, 2, 4, 6 の場合，平均値は3になります。しかし，ここで6を66と誤入力してしまったとします。すると平均値は15になり，大きく変動してしまいます[5]。このように，平均値は<u>外れ値の影響を強く受ける</u>ため，基本的に<u>外れ値を除外</u>して分析を進めます。

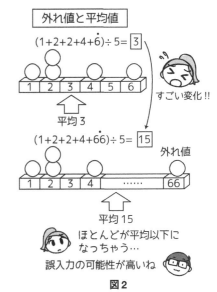

外れ値と平均値

$(1+2+2+4+\dot{6}) \div 5 =$ 3

すごい変化!!

平均3

$(1+2+2+4+66) \div 5 =$ 15

外れ値

平均15

ほとんどが平均以下になっちゃう…

誤入力の可能性が高いね

図2

MORE!!

どれくらいの外れ値を除外して分析するかは，明確な基準がありません。平均±標準偏差×2（または3）が目安という話もありますが，あくまで研究者の判断にゆだねられます。ただし外れ値を除外した場合は，どのような基準で外れ値を除外したかを論文中に記載すべきでしょう。

■ 中央値

中央値とは，<u>データを大小順に並べた時真ん中に位置する値</u>のことです。データの個数が偶数個の場合は，図3のように<u>中央2つの数の平均値</u>を使います。では，例題3についても中央値を求めてみます。

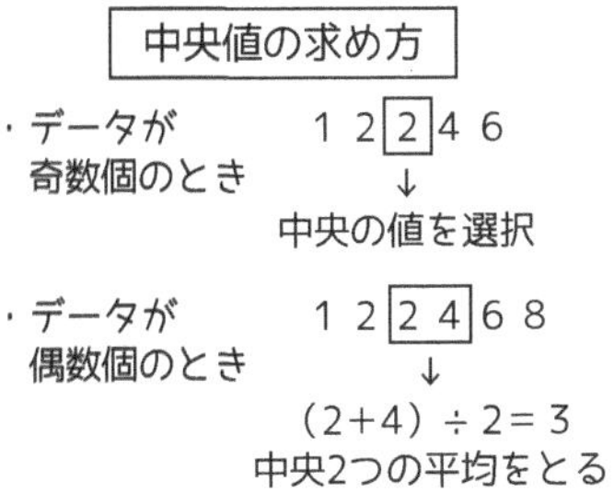

中央値の求め方

・データが
奇数個のとき　　1 1 2 4 6
↓
中央の値を選択

・データが
偶数個のとき　　1 1 2 4 6 8
↓
$(2+4) \div 2 = 3$
中央2つの平均をとる

図3

介入法X　実施前　　小さい順に並べると…

15　15　16　16　16　17　17　17　18　18　→ $(16+17) \div 2 = $ <u>16.5</u>

介入法X　実施後　　小さい順に並べると…

18　19　19　19　19　20　20　20　20　20　→ $(19+20) \div 2 = $ <u>19.5</u>

---

5 不適切な平均で分析しても，不適切な結果しか得られず，時間の無駄になってしまいます。だからこそ前項で触れたように，データを集めたら度数分布表などでデータの全体像を把握しておくことが重要なのです。

同様に，学習法1の女性の中央値を求めると6.5，学習法2の女性の中央値を求めると9.5となります。

中央値は，統計的な処理にはあまり向いていません。しかし，外れ値の影響をほとんど受けないという長所があります。先ほどは6を66に変えただけで，大幅に平均値が変化しましたが，中央値は図4のように，ほとんど影響を受けません。そのため外れ値を除外できない場合に，中央値を使用することがあります。

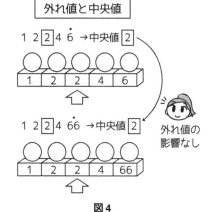

外れ値と中央値

$1\ 2\ \boxed{2}\ 4\ \dot{6}$ →中央値$\boxed{2}$

外れ値の
影響なし

$1\ 2\ \boxed{2}\ 4\ \dot{6}6$ →中央値$\boxed{2}$

図4

最頻値

最頻値とは，最も度数が多い値のことです。統計的な処理は困難ですが，外れ値の影響は最も受けにくいという特徴があります。これまで同様に，例題3についても最頻値を求めてみます。

介入法X 実施前	得点	13	14	15	16	17	18	19	20
	度数	0	0	2	3	3	2	0	0

→最頻値は，16 と 17

介入法X 実施後	得点	13	14	15	16	17	18	19	20
	度数	0	0	0	0	0	1	4	5

→最頻値は 20

同様に，介入法Yの実施前の最頻値を求めると14 と 15，介入法Yの実施後の最頻値を求めると17となります。

代表値 まとめ

	平均値	中央値	最頻値
求め方	データの総計を，度数の和で割った値	大小順に並べた時，真ん中に位置する値	最も度数の多い値
統計処理	処理しやすい	処理しにくい	処理しにくい
外れ値	影響を受けやすい	影響を受けにくい	影響を受けにくい

確認問題 3

次の得点は，あるクラスの漢字の小テスト得点を示したものである。

男子10名

7	7	5	6	1
10	2	10	0	7

女子10名

7	10	4	5	10
2	10	1	7	3

(1) 男子の度数分布表を完成させなさい。

得点	0	1	2	3	4	5	6	7	8	9	10
度数											

(2) 男子の平均値・中央値・最頻値を求めなさい。

(3) 女子の平均値・中央値・最頻値を求めなさい。

解 説

(2) 平均値…(7＋7＋5＋6＋1＋10＋2＋10＋0＋7)÷10

　　　　＝55÷10＝5.5

中央値…男子10名の得点を小さい順に並べると，以下の通り。

　　0 1 2 5 6 7 7 7 10 10 　→　(6＋7)÷2＝6.5

最頻値…度数分布表より，度数が最も多いのは 7

解 答

(1)

得点	0	1	2	3	4	5	6	7	8	9	10
度数	1	1	1	0	0	1	1	3	0	0	2

(2) 平均値 5.5　中央値 6.5　最頻値 7

(3) 平均値 5.9　中央値 6　最頻値 10

例題3 解答・解説

解答例

設問1

表1 度数分布表

得点	介入法X 前	介入法X 後	介入法Y 前	介入法Y 後
13	0	0	0	0
14	0	0	3	0
15	2	0	3	0
16	3	0	2	3
17	3	0	2	5
18	2	1	0	2
19	0	4	0	0
20	0	5	0	0

表2 代表値と標準偏差

	介入法X 前	介入法X 後	介入法Y 前	介入法Y 後
平均値	6.9	9.4	5.3	6.5
中央値	7	9.5	5	6.5
最頻値	7	10	4, 5	6, 7

設問2

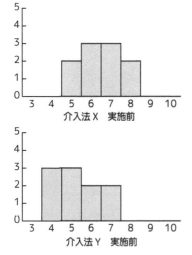

介入法X 実施前 / 介入法Y 実施前

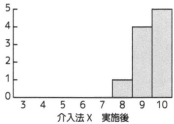

介入法X 実施後

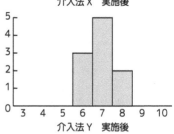

介入法Y 実施後

解 説

（1）について補足。論文など専門的な場面でデータを示す時は，表1・表2のように，縦線は原則書かない。また今回の問題では問われていないが，平均値を記載する場合，基本的に標準偏差も記載するのが定石。標準偏差の詳細については p.60「08 標準偏差と正規分布」を参照。

例題4 標準化

【問】ある大学に通う学生100名を対象として，自尊心と他者との協調性に関する質問紙調査が行われた。以下の問いに答えなさい。

被調査者		得点	偏差	z値	偏差値
A	自尊心得点	30			
	協調性得点	25			
B	自尊心得点	38			
	協調性得点	28			
C	自尊心得点	28			
	協調性得点	19			

対象者100名の平均・標準偏差

	平均	標準偏差
自尊心得点	32.0	4.0
協調性得点	22.0	6.0

偏差…得点と平均値の差のこと
z値…標準得点のこと

① 被調査者A，B，Cそれぞれについて，偏差，z値，偏差値を求め，表の空欄を埋めよ。
② A・B・Cのうち，協調性よりも自尊心の方が高いと考えられる被調査者は誰か答えなさい。
③ AやCは，自尊心得点が平均よりも低い値であったが，「AやCは自尊心が低い」と断言することはできない。その理由として考えられることを1つ挙げて，説明しなさい。

例題4の攻略ポイント

・データの比較に関する問題。
・平均値や標準偏差が異なるデータは，数値だけ見て単純比較できない。データを比較するための「標準化」という作業を学ぼう。

▶ 用語解説は次ページから ▶ 解答例は p.68

08 標準偏差と正規分布

standard deviation and normal distribution

学習のポイント

□ 得点の散らばりを表す値といえば，標準偏差といえるように。
□ 正規分布の場合，平均±標準偏差に約 **68.3%**。数字も含めて覚えよう。

About this word

「07　代表値」で，データを代表する値として平均値・中央値・最頻値の３つを学びました。本項では，データの散らばり（**散布度**）を表す値としての，**標準偏差**を学びます[1]。

仮に，1 班と 2 班のテスト成績が以下のようになったとします。

1 班の成績

生徒	A	B	C	D	E
得点	65	60	80	75	70

平均は
(65＋60＋80＋75＋70)/ 5＝**70**

平均値は等しいけど…？

2 班の成績

生徒	F	G	H	I	J
得点	40	90	55	100	65

平均は
(40＋90＋55＋100＋65)/ 5＝**70**

平均値は同じですが，**1 班と 2 班の得点の散らばりはずいぶん違います**。図 1 のように表すと，1 班の方は散らばりが小さく，2 班の方は散らばりが大きいことがわかります。

具体的に，1 班と 2 班について

1 平均値を使う場合は，散布度として標準偏差を用いますが，中央値を使う場合は，散布度として**四分位偏差**という値を用います。

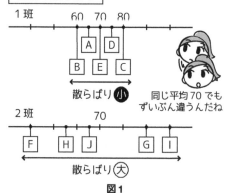
図1

標準偏差を算出すると1班は7.1，2班は22.1となります。このように，**標準偏差が大きいほど，得点の散らばりが大きい**ことを示しています。なお，標準偏差が <u>0</u> の場合は，得点の散らばりがまったくなく，すべての得点が平均点と同じ場合を表します。

MORE!!

　標準偏差の算出式は，$\sqrt{\ }$ が関係するため，出題頻度は高くありません。ただし，まったく出題されていない！　というわけでもないため…参考に算出式を紹介します。

標準偏差の求め方

$$\sqrt{\frac{(個々の点-平均)^2\, の和}{人数}}$$

※標準偏差を2乗した値
（$\sqrt{\ }$ をする前）を分散といいます。

1班
$$\sqrt{\frac{(65-70)^2+(60-70)^2+(80-70)^2+(75-70)^2+(70-70)^2}{5}}$$
$$\fallingdotseq 7.1$$

2班
$$\sqrt{\frac{(40-70)^2+(90-70)^2+(55-70)^2+(100-70)^2+(65-70)^2}{5}}$$
$$\fallingdotseq 22.1$$

■ 正規分布

「06 度数分布表」で，ヒストグラムというグラフを学びました。図2を見てください。**ヒストグラムの階級の幅をだんだん狭くしていくと，曲線に近づいていく**ことがわかるでしょうか？　このようにして完成させた曲線が，図3のように，<u>完全に左右対称でつり鐘状の形</u>になった場合，その得点分布を**正規分布**といいます。

　この正規分布が，先ほど学んだ**標準偏**

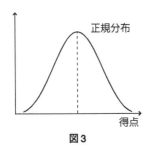

図3

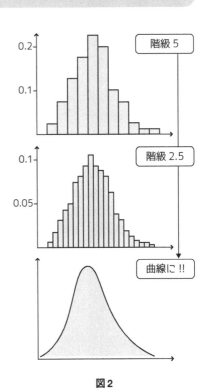

図2

差と深い関係をもっています。正規分布の特徴を学びながら，標準偏差と関連づけていきましょう。

正規分布の特徴を以下にまとめます。

---

① 平均値を中心に左右対称の形をしている。

② 平均値±標準偏差の領域に，全体の約68%が含まれる。

③ 平均と標準偏差の値により，形状が変化する。

④ 実際の分布ではなく，理論的に得られた「理想的な」分布である。

まず特徴①です。正規分布は，左右対称でつり鐘状の形をした，最も理想的で美しい分布とされています。また，**平均値・中央値・最頻値がすべて同じ値**を示します。左右のすそ野は，平均値から離れれば離れるほど横軸に近づいていきます。

さて，特徴②です。ここが重要な性質です。先ほど，分布の散らばりを表す値として標準偏差を紹介しました。正規分布には，平均±標準偏差の範囲に，全体の約68%が含まれることが知られています。

たとえば，英語のテスト得点が正規分布を示したとして，平均点60点・標準偏差20点だったならば，60±20…つまり**40点〜80点に全受験者の68%がいる，ということがわかる**のです。

特徴③は特徴②が関連しています。標準偏差の値が高くなったとしても平均±標準偏差に全体の68%が含まれることは変わらないので，次ページの図5のように分布の形が**横と下に広がったように変化**します。逆に標準偏差の値が小さくなると，今度は中央に68%が集まるため，**縮んで上に伸びるような形に変化**します。しかし，姿を変えたとしても正規分布である限りは，その特徴が失われることはありません。

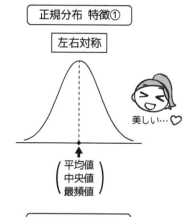

正規分布 特徴①

左右対称

美しい…♡

平均値
中央値
最頻値

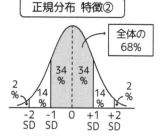

正規分布 特徴②

全体の
68%

34% | 34%
2% | 14% | 14% | 2%

-2SD -1SD 0 +1SD +2SD

※SD＝標準偏差のこと

図4

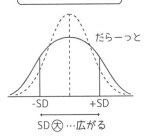

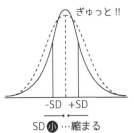

正規分布 特徴③

だらーっと

-SD　+SD

SD大…広がる

ぎゅっと !!

-SD +SD

SD小…縮まる

図5

　最後に特徴④です。身長や体重などのデータから，心理測定によって得られたデータまで，さまざまな統計データを列挙した時，「正規分布に近い」形のデータはかなり多いことと思われますが，**「正規分布とまったく同じ形」を示すデータはほぼない**，といっても過言ではありません。

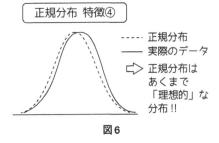

正規分布 特徴④

----- 正規分布
―― 実際のデータ

⇨ 正規分布は
あくまで
「理想的」な
分布 !!

図6

　しかし，それら「正規分布に近い」データであっても，現実には**正規分布に従うと仮定して分析する**ことがほとんどです。なぜならば，正規分布は統計学で重要な役割を担っており，正規分布にしたがうと仮定することで，さまざまな統計的分析が可能となり，多くの情報量を引き出すことができるからです（もちろん仮定から得られたデータですから，その内容は近似的なものであり，過信は禁物です）。

　なお，どのような分布であったとしても，データの度数が多くなれば多くなるほど，正規分布を仮定しやすくなることが証明されており，**中心極限定理**といわれています。よって，データを正規分布と仮定する最も有効な手段は，データの度数を増やすことです。中心極限定理の詳細は例題13で解説します。

標準偏差と正規分布 まとめ
- **標準偏差とは，平均値からの得点の散らばりを表す値のこと。**
- **正規分布の場合，平均±標準偏差の範囲に，全体の約68%が含まれる。**
- **正規分布を仮定することで，さまざまな統計的処理が可能となる。**

09 標準化と偏差値

standardization and *Z*-score

学習のポイント
- ☐ 比較のためには標準化，と覚えておきたい。
- ☐ 標準得点や偏差値は，算出できるようにしておこう。

About this word

本項では，**データの比較**について考えます。

たとえば例題4の被調査者Aの場合，自尊心得点が30点，協調性得点が25点です。一見，自尊心の方が高そうです。しかし，平均値を見ると自尊心が32.0点，協調性が22.0点です。よって，実は自尊心は「平均以下」，協調性は「平均以上」だったのです（図1）。このように，**平均値が異なる場合，得点を単純比較することができません**。

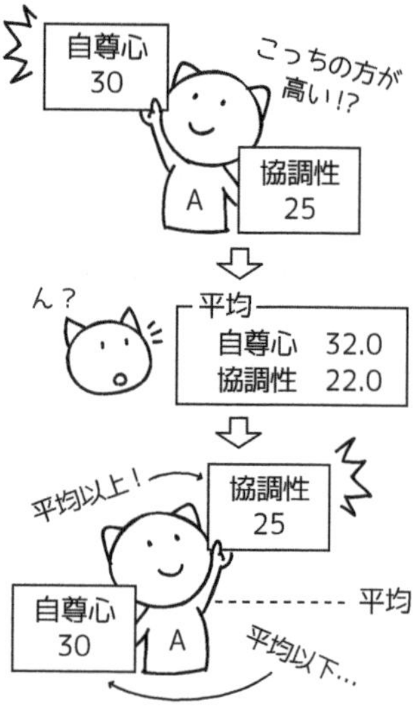

では，例題4の被調査者Bの場合を考えてみましょう。Bは自尊心得点が38点，協調性得点が28点です。先ほど提示した平均と比較すると，**ともに6点ずつ高い**[2]結果です（図2）。これは，自尊心も協調性も，平均より「同じぐらい高い」ことを示すのでしょうか？

ここで前項にて登場した，得点の散らばりを表す値である**標準偏差とその特徴に注目**します。今回の例題4では自尊心の平均値は32.0，標準偏差は4.0です。よって，平均±標準偏差に入る全体の68％範囲の得点は図3のようにな

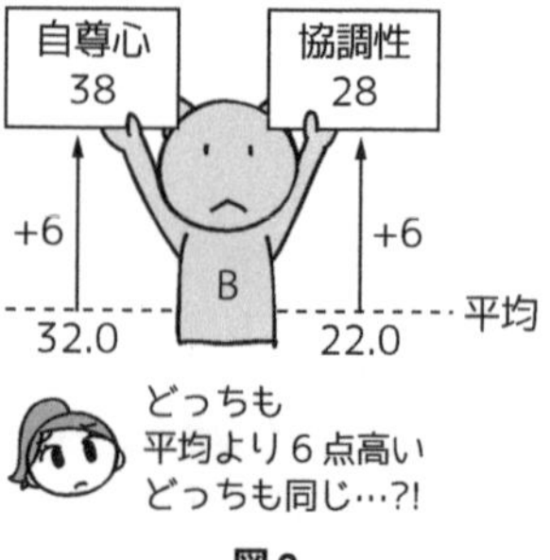

図1

図2

2 このような，個々の得点と平均値の差のことを偏差といいます。

64

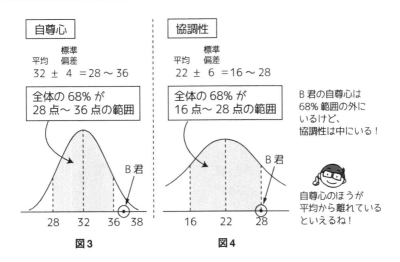

図3 　　　　　　　　　　　　**図4**

りのす。このとき，**Bの自尊心得点38点は，68%範囲の外にいる**ことがわかります。

　対して協調性得点の平均値は22.0，標準偏差は6.0で，平均±標準偏差の68%範囲は図4のようになります。**Bの協調性得点28点は，全体の68%範囲の中**にいます。このことから，「**自尊心得点の方が，協調性得点よりも平均から離れている**」という評価が下されるのです。

■ 標準化

　このことからわかるように，平均値や標準偏差が異なると，得点の単純比較ができません。そこで，平均から標準偏差いくつ分離れているか（**標準得点**）を求め，平均からの距離で比較を行います。このように標準得点を求めることで比較可能な状態にすることを**標準化**といいます（図5）。

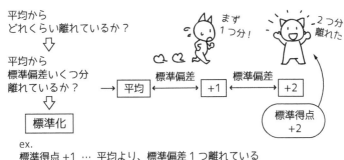

ex.
標準得点 +1 … 平均より、標準偏差 1 つ離れている
標準得点 +2 … 平均より、標準偏差 2 つ離れている
標準得点 −1 … 平均より、負の方向に標準偏差 1 つ離れている

図5

■ 標準得点と偏差値

標準得点（z値） は，(個人得点－平均)÷標準偏差 で求めます。たとえば例題4のBの場合，図6のように標準得点を求めることができます。自尊心の標準得点は＋1.5，協調性の標準得点は＋1となるため，Bは自尊心の方が高いと評価することができます。このように，**標準化をすれば平均値や標準偏差が異なるデータを比較することが可能となります**[3]。

偏差値（Z値） は，よりわかりやすくするために，標準得点をさらに変換したものです。具体的には，標準得点を，平均50，標準偏差10となるよう変換させたものが偏差値です。

偏差値は 50＋標準得点×10 で表されます（図7）。平均が50，標準偏差が10に変わること以外は，標準得点と同じ性質です。イメージしにくい1前後の小数が中心となる標準得点に対し，50前後の数が中心となる偏差値は「わかりやすさ」という点で，標準得点よりも広く世の中に認知されたのでしょう。

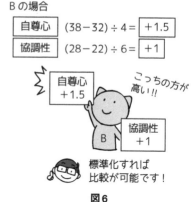

図6

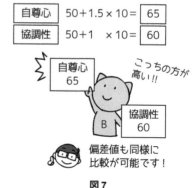

図7

標準化と偏差値 まとめ

■ **標準化とは，標準得点を求めることで比較可能な状態にすること。**
■ **標準得点（z値）の求め方… (個人得点－平均)÷標準偏差**
■ **偏差値（Z値）の求め方…50＋標準得点×10**

---

3 標準得点は，異なる平均や標準偏差のデータを，平均が0，標準偏差が1となるように変換することで，比較可能な状態にした得点，ということもできます。

確認問題4

(1) 次の得点は，ある中学生A君のテスト成績と，クラス全体の平均点・標準偏差を示したものである。

	A君	クラス全体	
	得点	平均点	標準偏差
数学	60	40	20
国語	70	80	10
英語	60	45	10

① 数学の偏差値を求めなさい。

② 最も平均点から離れていると評価できる科目は何か答えなさい。

(2) 次のケースで，正規分布を最も仮定できそうなものを1つ選びなさい。

A．オリンピック出場選手の砲丸投げの記録

B．現代の日本の年齢別人口

C．小学6年生の偏差知能指数

D．質問紙のある項目「人に嫌われる行動はしないようにする」の集計結果

  5　あてはまる　　4　ややあてはまる　　3　どちらともいえない

  2　ややあてはまらない　　1　あてはまらない

解　説

(1) ① 標準得点…$(60-40) \div 20 = +1$，偏差値…$50 + (+1) \times 10 = 60$
   ② 数学の標準得点は①より $+1$。
    国語…$(70-80) \div 10 = -1$，英語…$(60-45) \div 10 = +1.5$
    よって，最も標準得点が高いのは英語となる。

(2) Aは，世界記録に近いところに記録が集まり，左右対称になることが想定しにくい。Bも高齢化社会によって高年齢の方に偏りが，Dは4や5の回答に偏ることが予想される。最も正規分布を仮定しやすいのはCで，100を平均に左右対称の釣り鐘状の分布になることが予想される。

解　答

(1) ① 60　　② 英語

(2) C

解答例

①

被調査者		得点	偏差	z値	偏差値
A	自尊心得点	30	−2	−0.5	45
	協調性得点	25	+3	+0.5	55
B	自尊心得点	38	+6	+1.5	65
	協調性得点	28	+6	+1	60
C	自尊心得点	28	−4	−1	40
	協調性得点	19	−3	−0.5	45

対象者100名の平均・標準偏差

	平均	標準偏差
自尊心得点	32.0	4.0
協調性得点	22.0	6.0

② B

③ （例）AやCは，調査対象となった大学生100名の平均値よりも自尊心得点が低いだけで，一般的な平均値よりも低いかどうかは，このデータだけでは判断できないため，AやCは自尊心が低いとは断言できない。

解　説

　①について，計算式を以下に列挙する。偏差・z値（標準得点）・偏差値は，院試において稀に算出が求められる場合があり，計算方法も手計算でできる範囲なので，ぜひ算出できるようにしておきたい。

	A・自尊心得点	B・自尊心得点	C・自尊心得点
偏差	30−32=−2	38−32=+6	28−32=−4
z値	(30−32)÷4=−0.5	(38−32)÷4=+1.5	(28−32)÷4=−1
偏差値	50+(−0.5)×10=45	50+(+1.5)×10=65	50+(−1)×10=40
	A・協調性得点	B・協調性得点	C・協調性得点
偏差	25−22=+3	28−22=+6	19−22=−3
z値	(25−22)÷6=+0.5	(28−22)÷6=+1	(19−22)÷6=−0.5
偏差値	50+(+0.5)×10=55	50+(+1)×10=60	50+(−0.5)×10=45

例題5 2変数の関連

下記の表1は，インターネット利用頻度と他者を見下す傾向に関するある研究の相関係数をまとめたものである。

表1　変数間の相関係数

	1	2	3
1　インターネット利用頻度			
2　Eメール利用頻度	.41		
3　自尊感情	.01	.08	
4　他者軽視傾向	.30	.20	.17

そして，表1の結果をもとに次のような考察を行った。この考察の問題点を指摘しなさい。

インターネット利用頻度と他者軽視傾向にも高い相関が確認されたことから，インターネットを頻繁に利用すると，他者を軽視するようになることが明らかになった。また，他者軽視傾向はEメールの利用頻度とも相関がみられ，Eメールの利用もまた他者を軽視する傾向に関与することが明らかになった。

例題5の攻略ポイント

・相関係数の解釈の誤りを指摘し，修正する問題。
・まず相関係数とは何か，正しい知識を得る必要がある。また，相関係数は解釈の誤りが起こりやすい。複数の視点で誤りを指摘したい。

用語解説は次ページから　 解答例は p.80

10 相関係数

correlation coefficient

学習のポイント
- ☐ **相関係数は，算出方法よりも特徴の理解を優先しよう。**
- ☐ **散布図から，大まかな相関係数が推測できるようになろう。**

About this word

もし「勉強時間が多い人は，テストの成績が良い」という場合，勉強時間とテスト成績に関連があるといえます。このように，2つの変数の関連が強いことを指して**「相関が強い」**と表現します。そしてその強さを数量化したものが，**相関係数**[1] という値です。

■ 散布図と相関係数

図1は，ある高校生10名の数学・理科の得点と，数学・英語の得点をならべたものです。このデータについて，**①数学と理科の得点に相関があるか？ ②数**

	数学	理科
A	100	90
B	90	100
C	90	90
D	70	50
E	60	70
F	40	50
G	30	70
H	10	30
I	10	40
J	0	10

	数学	英語
A	100	40
B	90	30
C	90	70
D	70	10
E	60	50
F	40	60
G	30	90
H	10	20
I	10	10
J	0	20

 数学が高い人は
理科も高そう！

数学と英語は
関連がなさそう。

図1

---

1 相関係数とだけよばれることが多いですが，正式には，ピアソンの積率相関係数という名称です。

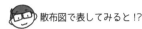 散布図で表してみると!?

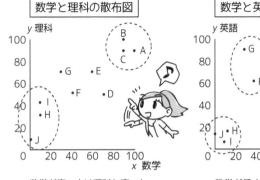

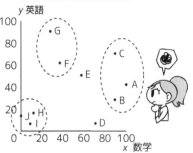

数学と理科の散布図

数学が高い人は理科も高いし、
数学が低い人は理科も低い

数学と英語の散布図

数学が低くても
英語が高かったり低かったり…
数学が高くても
英語が高かったり低かったり…

図2

学と英語の得点に相関があるか？ それぞれ検討していきたいと思います。

　まずは図2のように各個人の得点をまとめてみました。このように，<u>個々の得点をＸＹ平面上に配置した図</u>のことを**散布図**といいます。

　数学と理科の散布図を見ると，数学の得点が高い人は理科の得点も高く，数学の得点が低い人は理科の得点も低いことから，どうやら数学と理科の相関は強そうです。

　しかし，数学と英語の散布図を見ると，数学の得点が高いからといって英語の得点が高いとは限らず，逆に数学の点が低いからといって英語の点も低いとは限りません。どうやら数学と英語の相関は弱そうです。

　では，実際に相関係数を算出してみましょう。図1のデータを入力して相関係数を算出すると[2]，数学と理科の相関係数は0.80となりました。同様に数学と英語の相関係数を算出すると，$r=.21$ となりました。このことから，数学と英語より，数学と理科の方が強い相関とわかります（図3）。なお，論文では，相関係数を $r=.80$ というように表記[3]します。

 相関係数を算出してみると…?

数学と理科　$r=.80$
数学と英語　$r=.21$

 数学と理科の方が
関連が強いってことですね！

 ちなみに、.80 というのは
0.80 のことです

図3

---

2 大学院入試では，相関係数の算出処理よりも，例題5のように算出済みの相関係数を解釈させる問題の方が圧倒的多数です。よって本書では，相関係数の算出方法は省略します。
3 0.80 は，.80 と最初の0を省略するのが通例です。また，記号 r は斜体にします。

■ 相関係数の特徴

相関係数は，2変数が強く関連し ているときほど±1に近づき，そう ではないほど0に近づくという特 徴をもっています（図4）。ただし， 相関係数の値について，「○○以上 の値ならば相関は強い」といった明 確な基準はありません。以下は判断 の目安です。

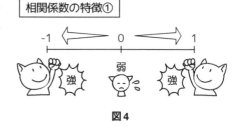

相関係数の特徴①

図4

$0.0 \leqq \lvert r \rvert \leqq 0.2$ ほとんど相関なし	
$0.2 < \lvert r \rvert \leqq 0.4$ 弱い相関がある	
$0.4 < \lvert r \rvert \leqq 0.7$ 中程度の相関がある	※$\lvert r \rvert$は，相関係数の絶対値
$0.7 < \lvert r \rvert \leqq 1.0$ 強い相関がある	（±のない値）を表す。

相関係数がマイナスになる時は，ある変数の値が大きければ大きいほど，もう 片方の変数が小さくなる…という関連の強さを見せる時で，**負の相関**とよばれま す。たとえば以下の図5のように「TVの視聴時間と勉強時間」が示されたとしま す。この状況は，TVの視聴時間が長いほど勉強時間が少なくなる，という負の 相関と予想されます。負の相関は，図5のように右下がりの散布図になることが 特徴です。

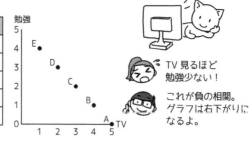

相関係数の特徴②

（例）	TV	勉強
A	5	0
B	4	1
C	3	2
D	2	3
E	1	4

（単位：時間）

TV見るほど 勉強少ない！

これが負の相関。 グラフは右下がりに なるよ。

図5

次に，相関係数と散布図の関係をまとめたものが図6です。図6のように散布 図の点を囲んだとき，その囲みが円に近いほど**相関係数は0に近い**（相関が弱い） ことを表し，直線に近いほど，**相関係数は±1に近い**（相関が強い）ことを表し ます。また，正の相関の時は右上がりに，負の相関の時は右下がりになります。 このように散布図を円で囲むことにより，おおよその相関係数を推測することが 可能です。

相関係数の特徴③

散布図を円で囲むことにより
相関係数の値が推測できる！

重要!!

円に近い→0 に近づく
直線に近い→1 に近づく

右上がり→正
右下がり→負

$r=-.70$ 　　$r=-.30$ 　　$r=.00$ 　　$r=.30$ 　　$r=.70$

図6

　最後に，本項で学んだことをもとに，改めて例題5を見てみましょう。例題5の Table1 に相関係数が示されています。この表から，E メール利用頻度とインターネット利用頻度の相関係数が $r=.41$ と中程度の相関を示していることがわかります。

		1	2	3
1	インターネット利用頻度			
2	E メール利用頻度	.41 ①		
3	自尊感情	.01	.08 ②	
4	他者軽視傾向	.30	.20 ③	.17

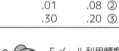

 E メール利用頻度と
自尊感情の相関は？

②にかいて
あるよ！

 そっか！ じゃあ
E メール利用頻度との
相関は、①②③の順に
みればいいんだ！

図7

　では，E メール利用頻度と自尊感情の相関係数はいくつでしょうか。これは，図7のように読み取ることで $r=.08$ であるとわかります。この表記は論文独特のものですので，ぜひ慣れてください。

　なお，例題5の考察では「インターネット利用頻度と他者軽視傾向に高い相関が得られた」と述べられていますが，$r=.30$ といった相関係数は，決して高い値とは言い切れません。指摘すべき問題点の1つとして挙げられるでしょう。ただし，**例題5の考察ではそれ以上に重大な指摘点**があります。その点については，次項で詳しく説明することにしましょう。

相関係数 まとめ
- ■ **相関係数とは，関連の強さを表す値**（範囲は－1 から＋1 まで）。
- ■ **0 に近いほど相関が弱く，±1 に近いほど相関が強い。**
- ■ **散布図から，ある程度の相関係数の推測が可能である。**

11 相関関係と因果関係

correlation coefficient and causality

学習のポイント

☐ 相関関係と因果関係を，明確に区別できるようになろう。
☐ さまざまな相関係数の注意点を，整理して理解しておこう。

About this word

相関関係と因果関係は混同されやすいですが，異なるものです。**因果関係**とは，明確な「原因と結果」が存在する共変関係のことです。相関関係には明確な「原因と結果」が存在しません（図1）。そのため，**相関関係があるからといって，因果関係があるとは限りません。**

たとえば，暴力番組の視聴時間と攻撃性に強い正の相関が確認されたとします。しかしこれだけでは，①暴力番組の視聴（原因）によって攻撃性が増加した（結果）のか，②もともと攻撃性が高いために（原因），暴力番組を好んで視聴する（結果）のか，あるいは③その両方なのか，判断できないのです（図2）。

相関関係の解釈をしているうちに，いつのまにか（ダメと知っていても，無意識的に）因果関係として解釈してしまう誤りはとても多いです。この誤りが，例題5でも起こっています。

相関関係	因果関係
x と y の変化に関連がある	x が原因で y が変化する

図1

暴力番組の視聴と，攻撃性に強い相関がある！

原因　　　結果

① 視聴　　攻撃性

②　攻撃性　　視聴

①も考えられるし
②も考えられる…
両方という可能性もあるよ！

図2

インターネット利用頻度と他者軽視傾向にも高い相関が確認されたことから，イ
ンターネットを頻繁に利用すると，他者を軽視するようになることが明らかになっ
た。また，他者軽視傾向はＥメールの利用頻度とも相関がみられ，Ｅメールの利用
もまた他者を軽視する傾向に関与することが明らかになった。

上記の下線部に注目すると，「否
定的評価を恐れることにより（原因），
回避行動や不安感が引き起こされる
（結果）」という，因果関係を想定し
た文章になっています。例題5では
相関係数しか示されていないために，
この考察は適切ではありません。こ
のように，**単なる関係の強さを表す
相関関係から，短絡的に因果関係の
解釈をしてはならない**，ということ
は肝に銘じておきましょう（上記考
察の修正例は p.80 を参照）。

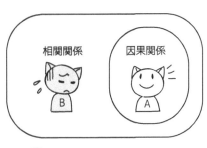

相関関係があっても
因果関係があるとは限らない！

図3

（上記考察の修正例は p.80 を参照）。

MORE!!

因果関係の成立には，以下の3つの条件が必要です。
1. 独立変数（原因）が従属変数（結果）よりも，時間的に先行していること。
2. 理論的に，因果関係に必然性と整合性があること。
3. 他の変数の影響を除いても，独立変数と従属変数の間に相関関係があること。

次からは，さまざまな相関係数の解釈の注意点を紹介します。

■ 注意点①　擬似相関

ある研究で「おこづかいの金額」と「計算テストの結果」の2つに強い相関が報
告されたとします。つまりこの結果だけ見れば，おこづかいの金額と計算力に強
い関係性がある（！）ことになります。でも，非現実的なこの結論…はたして適
切なものなのでしょうか。

ＸとＹに本当は相関がないにもかかわらず，第3の変数Ｚによって「見かけ上」
現れた相関のことを**擬似相関**といいます。先ほどの例では，今回の第3の変数Ｚ
として「年齢」が想定されます。一般的に小1より中3の方がおこづかいは多い
でしょうし，小1より中3の方が計算力は高いでしょう。結果，おこづかいの多
さは，年齢を媒介して，計算力の高さと関連をもったことになります（図4）。も

ちろん，小1だけ，中3だけなど
で，おこづかいと計算力の相関を
調べたら…きっと高い相関は出な
いことでしょう。なお，このよう
に第3の変数の影響を取り除いた
相関係数のことを，**偏相関係数**と
いいます。

　例題5にも擬似相関の恐れがあ
ります。Eメール利用頻度と他者
軽視傾向の相関係数は$r=.20$で
すが，Eメール利用頻度と他者軽
視傾向の両方に相関関係があるイ
ンターネット利用頻度が存在する
ため，図5のように擬似相関であ
る可能性が生じます。よって，例
題5の考察の「Eメール利用頻度
と他者軽視傾向の間に高い相関が
見られた」という文章が，適切で
はない可能性があるのです。

■ 注意点② 外れ値の影響（合併効果）

　平均値や標準偏差が，他の値と
極端に大きさの違う**外れ値**とよば
れる値によって大きく影響を受け
ることと同様に，実は相関係数も
外れ値によって大きく影響を受け
ます。

　たとえば図6は，外れ値1つの
影響で相関係数が大きく変わった
ことの例です。外れ値がない時は，
散布図が円形に近いため$r=.12$
とほぼ無相関に近いのですが，外
れ値のために散布図が直線形に近

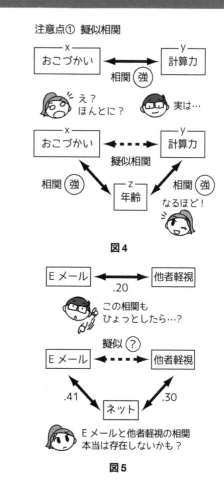

注意点① 擬似相関

図4

図5

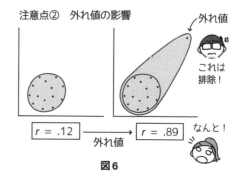

注意点② 外れ値の影響

$r = .12$ → $r = .89$
外れ値

図6

---

4 今回の例は，外れ値によって「低かった相関係数が高くなってしまう」例を挙げましたが，外
れ値によって「高かった相関係数が低くなってしまう」こともあります。

くなり，$r=.89$ と本来存在しない相関が算出されてしまいます[4]。このような現象を**合併効果**[5] といいます。もちろん，合併効果が生じた場合，分析・解釈の結果は妥当なものではありません。

このような外れ値は，データを集めた時点で度数分布表やヒストグラム，散布図などで発見しておき，**あらかじめ排除したうえで分析を進めるべき**です。

■ 注意点③　切断効果（選抜効果）

集団の一部のみで相関係数を算出すると，もとの相関係数よりも低くなることがあります。このことを**切断効果（選抜効果）**といいます。

たとえば図7は切断効果の例です。集団全体では，散布図が右上がりの直線に近いため $r=.72$ という正の相関が示されていますが，その集団を切断し，一部のみで相関係数を算出すると，相関係数が $r=.12$ と低くなってしまいます。

注意点③　切断効果

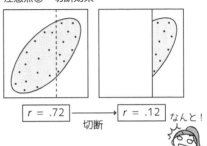

$r=.72$ ⟶ 切断 ⟶ $r=.12$ なんと！

図7

例題5

MORE!!

相関係数を2乗した値（r^2）を**決定係数**といい，決定係数を百分率（%）に直したものを**説明率**といいます。たとえば前項の数学と理科の相関係数 $r=.80$ の場合，$r^2=.64$（$=0.8^2$），説明率は64%です。これは，理科のテスト得点の個人差（分散）の64%が，数学のテスト得点で説明できることを示します（同様に，数学のテスト得点の個人差の64%が，理科のテスト得点で説明できることを意味します）。

相関関係と因果関係 まとめ

- ■ 因果関係とは，明確な原因と結果が存在する共変関係のこと。
- ■ 相関関係があるからといって，因果関係があるとは限らない。
- ■ 相関係数は，擬似相関の可能性や，合併効果，切断効果などさまざまな注意点があるため，解釈には知識と注意が必要。

5　外れ値以外にも，本来無相関であるはずの2群が合併することによって，合併効果が生じることがあります。

確認問題 5

(1) 次のア〜カにふさわしい相関係数を，A〜Fより選んで答えなさい。

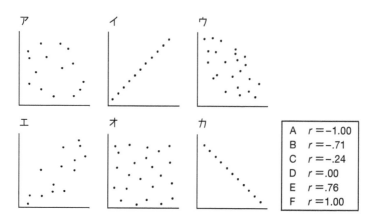

A	$r = -1.00$
B	$r = -.71$
C	$r = -.24$
D	$r = .00$
E	$r = .76$
F	$r = 1.00$

解 説

以下のように，散布図を円で囲むことにより，大まかな相関係数が推測できる。

右下がりは負の相関であるため，ア・ウ・カがA〜Cのいずれかと判断できる。カは直線であるためA，アよりもウの方が直線に近いためB，アがCと判断できる。

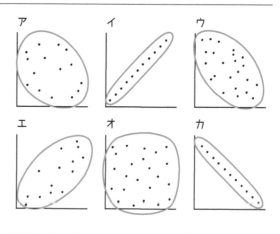

同様に右上がりの正の相関についても，イが直線であるためF，エがEと判断できる。オは円に最も近いためDと判断することができる。

解 答

ア C   イ F   ウ B   エ E   オ D   カ A

(2) 右の図は，大学生の入試成績と入学後の成
績について，散布図に表した架空のデータ
である。このとき，入試成績と入学後の成
績について相関係数を算出した場合，どの
ような結果が予想されるだろうか。また，
入試の合格者のみで入試成績と入学後の成
績の相関係数を算出した場合，どのような
変化が予想されるだろうか。あなたの考え
を述べなさい。

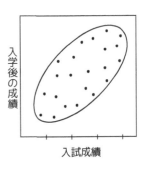

入学後の成績

入試成績

解　説

　　切断効果を中心に論述すればよいだろう。合
格点以上の者のみで相関係数を算出することに
より，散布図が円形に近くなり，相関係数の低
下が予想される。

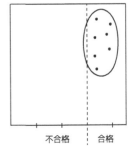

不合格　　合格

　　さらになんらかの形で教育現場への提言を行
うと，より論述のクオリティを上げることがで
きる。たとえば実際の教育現場で，**入学した生
徒だけで入試成績と入学後の成績を比較するこ
とに，さほど意味がない**ことが提言できる。他に，
入学した生徒だけで入試成績と入学後の成績の
相関を調べ，そこで有意な相関が無かったから
といって，**「入試に意味がないのでは？」と考え
ることは，決して妥当でない**ことなど，さまざ
まな提言が可能であろう。

論述解答例

　　入試成績と入学後の成績について，高い相関が得られることが予想され
る。だが，合格者のみを選抜して相関係数を算出することにより，切断効
果によって相関係数が低下するという問題が生じる。そのため，合格者の
みで相関係数を算出する場合は，解釈に十分注意する必要がある。たとえ
ば仮に，合格者のみで入試成績と入学後の成績の相関を求め，高い相関が
得られなかったとしても，その結果のみで入試そのものに意味がなかった
と結論づけるのは早計といえよう。

例題5 解答・解説

論述解答例

　問題点は大きく3点あると考えられる。

　まず第1の問題点は「インターネット利用頻度と他者軽視傾向にも高い相関が確認された」という文面である。インターネット利用頻度と他者軽視傾向には，たしかに $r = .41$ という相関係数が示されており，この値は決して低くはないが「高い」といえるとも限らない。どのような値で相関係数を「高い」とみなすのかは明確な基準がないため，不用意に「高い」「低い」といった評価を考察には含めないことが望ましい。

　第2の問題点として，相関関係と因果関係の混同を挙げたい。「インターネットを頻繁に利用すると，他者を軽視するようになることが明らかになった」と因果関係を想定した考察がなされているが，表1で示されているのは相関係数のみで，因果関係が明らかになったわけではない。インターネット利用が原因で他者を軽視するようになった可能性もあれば，他者を軽視する者が好んでインターネットを利用している可能性もある。もちろんその両方の可能性もある。相関係数の情報だけでは，上記のどの可能性になるかは判断できない。

　第3の問題点として，擬似相関の可能性を挙げたい。「他者軽視傾向はＥメールの利用頻度とも相関がみられ」とあるが，他者軽視傾向もＥメール利用頻度もインターネット利用頻度との相関があるため，他者軽視傾向とＥメール利用頻度は擬似相関の可能性がある。よって，他者軽視傾向とＥメール利用頻度の相関を考察に加えるのであれば，インターネット利用頻度の影響を除いた，他者軽視傾向とＥメール利用頻度の偏相関係数を求める必要があるだろう。

解　説

　例題5の考察の問題点は，主に①相関係数の値の解釈（.41は「強い」のか？），②相関関係と因果関係の混同，③擬似相関の可能性，と考えられる。なお，擬似相関の可能性がある以上，Table1のみでは「データとして不完全」と考えられる。

内的・外的妥当性

　高校生の模試成績向上には，問題の解法について話し合いをさせることが良いのか（教授法Ａ群）と，ひたすらプリントで問題を解かせることが良いのか（教授法Ｂ群），教育効果を検討することになった。そこで，教授法Ａ群や教授法Ｂ群に対する統制群として通常通りの授業を行う群も設定され，教育効果の比較を行う計画が立てられた。
　この計画に対して知人から「教育効果を検討するなら，模試成績が偏差値50の生徒が大半のＰ高校で実施した方がよい」とアドバイスを受けた。しかし，このアドバイスには問題があると考えられる。アドバイスをした知人の意図を汲み取りつつも，このアドバイス通りに実施することの問題点を述べなさい。

効果があるのは，どれ？

教授法Ａ　　　　　　　教授法Ｂ　　　　　　　統制群
話し合い中心　　　　　ひたすらプリント　　　通常通りの授業

例題6の攻略ポイント

・実験対象者の選択が，結果にどんな影響を及ぼすか説明させる問題。
・本問のような教授法にかかわらず，なんらかの介入が「効果あり」と認められるためには，内的妥当性と外的妥当性の両方が高い必要がある。
・内的妥当性・外的妥当性とは何か，内的妥当性・外的妥当性を高めるためにはどのようなことが必要か，理解するところからはじめよう。

 用語解説は次ページから　▶ 解答例は p.92

例題 6 内的・外的妥当性 ▶ ▶ ▶ 難易度 ★ ★ ☆

12 内的妥当性

internal validity

学習のポイント

☐ **重要専門用語多数。1つ1つの用語のていねいな理解を。**
☐ **実験において「統制」がなぜ重要なのか，述べられるように。**

About this word

例題6では，教授法Aと教授法B
の教育効果を，**実験法**という手続き
で検討しています。たとえば図1の
ように，教授法Aのみ高いテスト
成績を示したならば[1]，教授法Aの
教育効果が高かったといえます。

実験法にはさまざまな用語が登場
するため，まずは実験法の用語を，
1つ1つていねいに理解していきま
しょう。

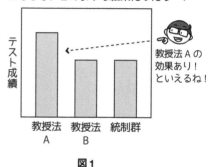

※もしも、このような結果だったら…?

教授法Aの
効果あり！
といえるね！

図1

■ 独立変数と従属変数，実験群と統制群

実験法とは，独立変数の操作を加えた群と加えていない群を用意し，従属変数
の比較を行う手法です。

独立変数とは，研究者が実験で操作する変数のことを指します。たとえば例題
6の場合，教授法A群にどんな教授法を行うか，教授法B群にどんな教授法を行
うかは，研究者が「操作」できるため，「教授法」は独立変数に相当します。**従属
変数**は測定される変数のことで，研究者が操作することはできないものです[2]。
たとえば例題6の場合，「模試の成績」が従属変数に相当します。

なお，独立変数の操作が加えられた群を**実験群**，独立変数の操作が加えられて
いない群を**統制群**といいます[3]。例題6における統制群とは，特別な教授法は実

---

1 統計的に差が認められることを指して「有意差がある」と表現します。今回の場合，分散分析
　とよばれる検定を行い，有意差を明らかにします。詳細は p.110「17 分散分析」で。
2 従属変数を操作してしまうことは，いわば結果の改ざんであり「不正行為」になってしまいます。

施されず，通常通りの教授法がそのまま実施された群のことです。教授法A群と教授法B群は，ともに実験群です（図2）。

教授法A
話し合い中心

教授法B
ひたすらプリント

統制群
通常通りの授業

| 実験群 | | 統制群 |

図2

独立変数と従属変数は，それぞれ<u>原因</u>と<u>結果</u>に対応しています。つまり，実験群（教授法A群・B群）の方が，統制群よりも高いテスト得点を示したならば，それは「教授法」（原因）によって「高いテスト得点」を得た（結果）ことがわかります。このように，実験法は<u>因果関係の特定</u>ができる，という点が最大の長所です。独立変数と従属変数の特徴をまとめると，表1のようになります。

表1

	独立変数	従属変数
例	教授法 （A or B or なし）	テスト得点 （高い⇔低い）
因果	原因	結果
操作	可能	不可能

■ 統制と交絡

しかし，実験法を使えば，絶対に因果関係を特定できるというわけではありません。**もし教授法A群の生徒のほとんどが，もともと優秀な生徒ばかりだとしたら**，どうでしょうか。A群が高いテスト得点を示したとしても，その原因が「教授法Aのため」なのか「もともと優秀であるため」なのか，特定できなくなってしまいます（図3）。

このように，<u>従属変数の変化に対して，独立変数以外の変数が影響を与えること</u>を

独
教授法A
＋
もともと優秀
↓
従
高成績!!

どっちのせい？

図3

---

3 統制群のことを，比較対照としての「対照群」とよぶこともあります。

83

交絡といいます。交絡が起こってしまった場合は，従属変数の変化の原因を，独立変数に求めることができません。

　そこで必要になるのが**統制**です。統制とは，独立変数以外の変数（**剰余変数**）が従属変数に影響を与えないようにするために，独立変数以外の剰余変数をすべて偏りのない状態にすることです[4]。今回の例題6でいえば，教授法A群もB群も統制群も「もともとの学力」に偏りがない状態にしておく必要があります。図4のように，統制に成功し「教授法A群・B群・統制群の違いは，教授法（独立変数）だけ」という状態になってはじめて，「テスト結果（従属変数）が変化した原因は，教授法（独立変数）のため」といえるのです[5]。

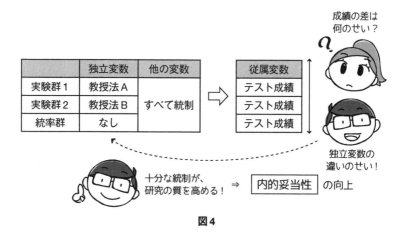

図4

　図4のように，独立変数と従属変数の因果関係が適切に示されている状態を指して「**内的妥当性**が高い」と表現します。内的妥当性は，剰余変数の十分な統制によって，交絡を防ぐことで確保されます。

　例題6における「偏差値50の生徒が大半のP高校で実施した方がよい」という先輩の発言は，P高校ならばどの群も「もともとの学力の偏り」がなくなり（ほぼ全員偏差値50）統制された状態となるため，内的妥当性を確保しやすいから，と考えられるでしょう。

　なお，統制すべき条件は「もともとの学力」だけではありません。右ページの図5のように，さまざまな剰余変数によって交絡が起こります。そのため，完全な統制は事実上不可能です。

4　独立変数の操作が加えられていない群を統制群とよぶのは，独立変数以外はすべて同じ（＝統制されている）という意味が込められています。

5　交絡と統制について，料理を例に挙げてみましょう。塩も味噌もしょうゆも分量を変えてしまうと，どの調味料が原因で味が変わったのか特定できません（交絡）。そこで，塩の量だけ変えて，他の調味料や材料はまったく同じにして料理を作れば（統制），味が変わった原因を「塩のせい！」と特定できます。

そのため，**従属変数の変化に大きく影響する剰余変数を優先して統制する**ことが求められます。たとえば図5の場合，食事の量よりも学習時間を統制する方が優先でしょう[6]。

最後に，**統制群の必要性**について述べたいと思います。「何も特別なことをしていない」統制群が，なぜ必要なのでしょうか。図6のように統制群なしでも，教授法Aの効果が示せそうな気がします。しかし仮に図7のような結果だったならば，教授法Aに効果があったのではなく，教授法Bが逆効果だったことがわかります。このように，**独立変数**（例題6の場合，教授法）**の効果は，独立変数の操作を加えていない**（＝何も特別なことをしていない）**統制群との比較で，はじめて明らかになる**のです。

交絡の可能性として…？

・A群の方が、学習時間が長いかも？
・A群の方が、やる気があるかも？
・A群の方が、裕福な家庭の子が多いかも？
・A群の方が、イケメンが多いかも？
・A群の方が、よく食べる子が多いかも？
　　　　　　　　　　　　　　などなど…。

完全な統制は、
ほぼ不可能！

図5

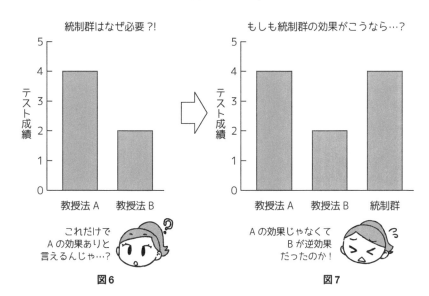

統制群はなぜ必要?!

テスト成績

教授法A　教授法B

これだけで
Aの効果ありと
言えるんじゃ…？

図6

もしも統制群の効果がこうなら…？

テスト成績

教授法A　教授法B　統制群

Aの効果じゃなくて
Bが逆効果
だったのか！

図7

内的妥当性 まとめ

■ **独立変数の操作を加えた群を実験群，加えていない群は統制群。**
■ **内的妥当性とは，独立変数と従属変数の因果関係の適切さのこと。**
■ **内的妥当性は，十分な統制によって交絡を防ぐことで確保される。**

---

6 教授法A群・B群・統制群で，同じ学習時間にしておかないと，高いテスト結果を得たとしても「教授法のため」なのか「長い学習時間のため」なのか，判別できなくなってしまうためです。

13 外的妥当性

external validity

学習のポイント

☐ 無作為抽出という言葉の意味を，正しく理解しよう。
☐ 得た結果を一般化するために何が必要か，おさえていこう。

About this word

　例題6のように，教授法Ａと教授法Ｂの効果を検討するには，はたして何人の高校生を対象に実験すればよいでしょうか。もちろん，理想的には全国の高校生全員を対象に実験すればよいのですが，そのような話は現実的ではありません。実際には，高校生全員を推測するのに妥当なレベルの人数でデータを集め，それを分析して「たぶん，高校生全員を対象としたらこれぐらいだろう」と推測するしかありません。

　上記のように，対象集団を直接調べることが難しい場合，一部のデータを取り出して，そこから対象集団全体を推測するという手法が取られます。この手法のことを，**推測統計法**といいます[7]。そして，対象集団全体（たとえば，高校生全体）を**母集団**といい，母集団を推測するために用いる集団の一部（たとえば，高校生数人のデータ）を**標本**といいます。

　つまり，推測統計法では，図1のように母集団から標本を抽出して，その標本を統計的に分析することによって，母集団を推測します。この方法により，到底調べられないような大集団についても，調べることが可能となるのです。

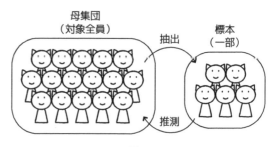

図1

---

7 推測統計法に対し，推測を挟まずに対象集団を直接調べる方法を記述統計法といいます。詳しくはp.49「例題3　記述統計法」を参照。

■ 無作為抽出

母集団を推測するために，標本となるデータを集めることを**標本抽出**といいます。このとき標本は，母集団の特徴を偏りなくもつように抽出される必要があります。

たとえば，下図のようにA中学の全生徒を母集団とする標本を抽出する場合，1年生だけ抽出しても，男子だけ抽出しても，A中学の全生徒の推測には適さないでしょう。A中学の全生徒という母集団を推測するためには，母集団の特徴がそのまま反映された，まるで母集団のミニチュアのような標本が必要なのです。

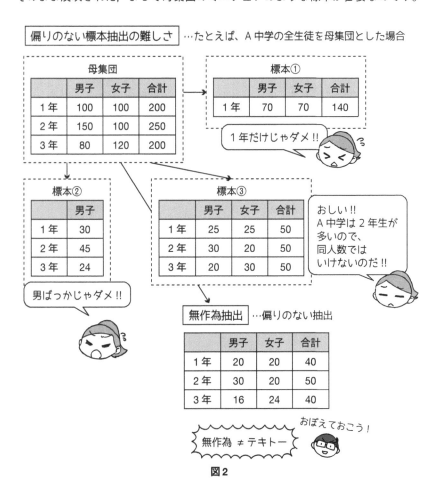

図2

このように，母集団の特徴を偏りなくもつように標本抽出することを，**無作為抽出（ランダム・サンプリング）**といいます。この無作為（ランダム）という言葉が厄介で，ランダムと「テキトー」は異なることに注意する必要があります。

たとえば，男女比が半々である母集団について無作為抽出する場合，「テキトー」に選んでいては，男女比が半々になる可能性はほとんどありません。人間は乱数

発生器ではないので，「テキトー」に選んでいるつもりで，なんらかの偏りが出てしまうことが多いのです。

このように標本抽出においては，無作為抽出によって偏りなく抽出すること（<u>不偏性</u>）が求められます。

■ 外的妥当性の問題

外的妥当性とは，<u>結果を一般化する適切さ</u>のことです。特定の集団のみに当てはまる結果ではなく，さまざまな対象に結果を当てはめることができる場合「<u>外的妥当性が高い</u>」と，逆に特定の集団のみに当てはまる結果で，他の対象に結果を当てはめることができない場合「<u>外的妥当性が低い</u>」と表現します。

無作為抽出の実現は，外的妥当性の確保に大きく影響します。 たとえば右下の図3を見てみましょう。数字は偏差値を表しています。Q高校という母集団の平均偏差値50に対し，抽出した標本の平均偏差値は40です。**よって，この標本は「学力下位」に偏っており，無作為抽出が実現できていません。** そのため，この標本の実験結果を，母集団に一般化するべきではないでしょう。外的妥当性は低いといえます。

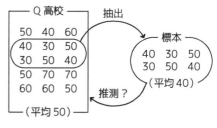

図3

では，例題6の場合はどうなるでしょうか。右の図4のように，P高校という母集団はすべて偏差値50であるため，抽出した標本もすべて偏差値50です。そのため，無作為抽出が実現できています。しかしこの標本は，**偏差値50の母集団しか推測できません。** つまり，仮に例題6で教授法Aの効果が示されたとして，「偏差値50の生徒には，教授法Aが有効」と述べることはできますが，「偏差値40や60の生徒であっても，教授法Aが有効」とは，述べられないのです。よって，例題5の「ほぼ全員が偏差値50の生徒であるP高校で実施すればよい」という先輩の発言は，<u>実験結果の一般化とい</u>

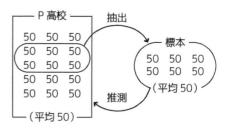

図4

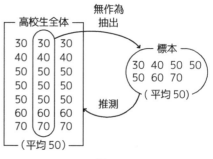

図5

う意味で，外的妥当性の問題が生じます。

　仮に図5のように，さまざまな偏差値をもつ高校生から無作為抽出に成功した場合，その標本を用いた実験結果は，さまざまな偏差値の高校生に適用される一般性の高いもの（＝外的妥当性が高い）といえます。このように，外的妥当性の確保には，適切な母集団の設定と無作為抽出の実現が必要となります。

■ 標本の大きさ

　標本を形成する個体の数（人数）のことを，**標本の大きさ**（n）といいます。あまりにも n が小さいと，図6のように，母集団とのズレが大きくなります。対して，n が大きければ大きいほど標本が母集団に近づき，精度の高い推測が可能になるといわれています。このことを一致性といいます。そのため，**十分な標本の大きさは外的妥当性の確保につながります。** 心理学の研究において，多くのデータが集められる質問紙法によるデータ収集が好まれるのは，このためなのです。

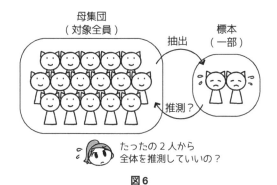

図6

MORE!!

　n が母集団の大きさ（N）と異なることから生じる誤差を数値化したものを，標準誤差といいます。標準誤差を求める式は右図の通りです。この式から，n を大きくすればするほど，標準誤差が小さくなることがわかります。

標準誤差

$$標準誤差 = \frac{Sx}{\sqrt{n}}$$

Sx…標本の標準偏差
n …標本の大きさ（人数）

外的妥当性 まとめ

- ■ 無作為抽出とは，母集団から偏りなく標本抽出すること。
- ■ 外的妥当性とは結果の一般化の適切さのことで，適切な母集団の選定，無作為抽出の実現，十分な標本の大きさによって確保される。

確認問題6

(1) 無作為抽出に関する以下の文のうち，最も適切なものはどれか。

ア 男女100名ずつ計200名の学生がいる。ある教員は，標本を無作為抽出するために「誰でもいいから20名選んで」と指示を受けた。

イ ある教員は，男女100名ずつ計200名の母集団から，男女10名ずつ選び「完全なる無作為抽出を実現できました」と報告した。

ウ ある都市は北地区に人口の30%が，南地区に人口の70%が集まっている。支持政党調査のため，上記の人口比率に応じて無作為標本抽出を行った。

エ ある都市は北地区に人口の30%が，南地区に人口の70%が集まっている。支持政党調査にあたり，南地区への人口の偏りを調整するため，北地区と南地区が50%ずつになるよう，無作為標本抽出を行った。

解説

ア 母集団は男女100名ずつで人数比が等しい。だが，「誰でもいいから20名」選ぶと，男子の方が多くなったり女子の方が多くなったりする可能性がある。結果，無作為抽出とはいえない。よって誤り。

イ 男女10名ずつで，人数比に関しては無作為抽出が実現できている。だが，たとえば男子10名が学力上位層に偏っているなど「完全な無作為抽出」ではない可能性が十分考えられ「完全な無作為抽出の実現」は言い過ぎである。よって誤り。なお「完全な無作為抽出に可能な限り近づける」ことはできるが「完全な無作為抽出の実現」は不可能といっても過言ではないだろう。

ウ このような無作為抽出のことを，層化抽出法とよぶ。母集団となる都市の人口比率に合わせて抽出しているため，母集団の特徴が標本にも反映されている。よって適切。

エ 北地区と南地区が50%ずつになるよう標本抽出すると，母集団となる都市の「南地区の人口が多い」という特徴が失われるため，得た標本は母集団と異なる特徴をもってしまう。よって誤り。

解答

ウ

(2) 空欄A～Hにふさわしい言葉を回答欄に記入しなさい。

赤い皿で食事が提供されると，食欲が増進されやすいという $\boxed{\text{A}}$ を明らかにするために実験が行われた。この時，皿の色は $\boxed{\text{B}}$ 変数，食事量は $\boxed{\text{C}}$ 変数と考えられる。そして皿の色と食事量の因果関係を明らかにするために，赤い皿で食事が提供される群を $\boxed{\text{D}}$ 群，白い皿で食事が提供される群を $\boxed{\text{E}}$ 群として，食事量の比較が行われた。この時，赤い皿と白い皿で提供される食事のメニューが異なってしまうとこれが $\boxed{\text{F}}$ 変数として機能し，皿の色で食欲が変化したのか，食事のメニューで食欲が変化したのかがわからず，$\boxed{\text{G}}$ となってしまう。そのため，皿の色以外はすべて $\boxed{\text{H}}$ されていることが望ましい。

解　説

実験法では，研究者の仮説に基づき独立変数と従属変数を設定する。独立変数は原因で，従属変数は結果に相当するため，今回の「赤い皿で食事量が増す」という仮説に基づくと，皿の色が独立変数，食事量が従属変数と考えられる。

また実験法では，独立変数の操作を加えた群を実験群，独立変数以外はすべて統制されている群を統制群（対照群）とよび，実験群と統制群の従属変数の変化を検討する。今回は，赤い皿の群が実験群，白い皿の群は統制群となる。また，今回の従属変数である食事量には，食事のメニューだけでなく照明の明るさや室温などが影響する。たとえば実験群の室温が適温で，統制群の室温が高温だったならば，皿の色で食事量が変化したのか，室温で食事量が変化したのか明確にならず，交絡が生じる。そのため，このような交絡の原因となりうる条件（剰余変数）は，実験群と統制群で十分に統制しておくことが求められる。

十分に統制がなされた実験群と統制群で食事量を比較し，統計的に有意差が得られたならば，仮説は検証されたことになる。

解　答

A　仮説	B　独立	C　従属	D　実験
E　統制（対照）	F　剰余	G　交絡	H　統制

例題6 解答・解説

解答例

　教授法を独立変数，模試の成績を従属変数とした場合，教授法以外の変数は剰余変数となるため，すべて統制されている必要がある。とくに教授法の教育効果を調べる前の「もともとの学力」は，従属変数に大きな影響を与える可能性が高い，優先して統制すべき剰余変数と考えられる。仮に教授法A群やB群の学力テスト得点が高かったとしても，教授法A群やB群に「もともと優秀な生徒」が集まっていたら，高いテスト得点は，教授法AやBの教育効果なのか，「もともとの学力」なのか判別できず，交絡が起こってしまうからだ。知人が「ほぼ全員が偏差値50のP高校」を勧めたのは，このような「もともとの学力」を統制し，研究の内的妥当性を高めるためと考えられる。

　しかし「ほぼ全員が偏差値50のP高校」を標本として用いることで，そこから推測できる母集団は「偏差値50の高校生のみ」になってしまう。よって，仮に教授法AやBの教育効果を確認できたとしても，その結果を偏差値50以外の高校生に適用することはできない。このように，知人の助言に従って有意差を得られたとしても，結果を一般化できる範囲が限られる点で，外的妥当性の問題が生じてしまうといえよう。

解　説

　解答例は，内的妥当性・外的妥当性を軸に作成した。上記以外の視点では，標本の大きさによる統計的有意の得やすさに注目する視点がある。

　実験法において，独立変数以外で従属変数に影響する剰余変数をすべて統制する必要がある。だが，積極的に統制を行えば行うほど，標本として使用可能なデータ数が小さくなる可能性がある。内的妥当性を確保しようとすればするほど，外的妥当性の確保が困難になるという皮肉な矛盾が起こってしまう。

　しかし，今回の例題6において「ほぼ全員が偏差値50のP高校」を用いれば「もともとの学力」はすべて統制されているため，「もともとの学力」を統制するために標本の大きさが減ることはなく，大きな標本を確保することが可能となる。標本の大きさが大きくなればなるほど，母集団と標本のずれ（標準誤差）が小さくなり，統計的検定で有意と判断されやすくなる。先輩の助言の意図を，このように判断することも可能であろう。

例題7 統計的仮説検定

　ある私立中学受験のための塾では，「必勝鉢巻」を締めて試験に臨むことで，合格が得られるという"神話"が存在する。この"神話"を信じた2人の小学生は「必勝鉢巻」を締めて入試に挑み，"神話"を信じなかった2人の小学生は「必勝鉢巻」を締めずに入試に挑んだ。

　その結果，「必勝鉢巻」を締めて入試に挑んだ2人は合格し，締めなかった2人は不合格となった。果たして本当に"神話"は存在するのだろうか。それとも，偶然起こった出来事にすぎないだろうか。

　4人の中で「必勝鉢巻」を締めた2人だけが偶然合格する確率は6.25%になる。5%有意水準で考えた場合，この"神話"は存在するといえるのか，あなたの考えを説明しなさい。

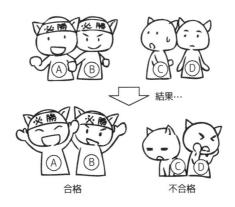

結果…

合格　　　　　　不合格

例題7の攻略ポイント

・確率を元に，統計的に真実といえるか否かを判断する問題。
・偶然の確率を元に，統計的な判断を下すことを指して，統計的仮説検定とよぶ。統計的仮説検定の理解は容易ではないが，t検定や分散分析などの基礎理論となるので，本問を参考にじっくり理解したい。

▶ 用語解説は次ページから　▶ 解答例は p.104

14 統計的仮説検定

testing statistical hypothesis

学習のポイント

☐ あせらずに，1つ1つ考えながら読み進め，理解していこう。

☐ 帰無仮説・対立仮説・有意水準など，専門用語の意味をおさえよう。

About this word

標本で起こった状況が「偶然か」「偶然ではないか」に注目して，母集団でも起こりうるかを検定することを，**統計的仮説検定**といいます。理解するのに時間がかかる内容ですが，あせらずじっくり，頭の中で整理しながら理解を進めてください。

まずは例題 7 の状況を確認しましょう。以下の図 1 のような状況になっています。はたして鉢巻の効果は本当にあるのでしょうか？

図 1

そこでまず，鉢巻の効果はないものとして，**偶然にも鉢巻を締めた 2 人だけが合格となる確率が何%か**，算出します。次ページの図 2 のように算出すると，その確率は 6.25% となります[1]。

6.25% は決して高い確率ではありませんが，無視できるほど低い確率でもありません[2]。そのため「たまたま鉢巻を締めた 2 人が，たまたま合格だった可能性が十分考えられる」→「鉢巻の効果ありとはいいきれない」という結論になります（図 3）。

---

1 $(0.5)^4 = 0.0625$ → 6.25% と算出することも可能です。
2 「決して高い確率ではない」「無視できるほど低い確率ではない」といった判断は，後ほど登場する「有意水準」を基準に判断します。

4人の合格パターンは
以下の16通り

 色々あるけど
今回はコレだ！

	1	2	3	4	5	6	7	8	9	10	11	12	13	14	15	16
A	○	○	○	○	×	○	○	○	×	×	×	○	×	×	×	×
B	○	○	○	○	○	○	×	×	○	○	×	×	○	×	×	×
C	○	○	×	○	○	×	○	×	○	×	○	×	×	○	×	×
D	○	×	○	○	○	×	×	○	×	○	○	×	×	×	○	×

 AとBだけが合格する確率は $\frac{1}{16}$
1÷16＝0.0625→6.25％ となるね

図2

では，もし図4のように，**8人中4人が
鉢巻を締めていて，その鉢巻を締めた4人
だけが合格する**，という状況だったらどう
なるでしょうか？

偶然起こる確率 | 6.25％ |

 確かにハチマキの効果かも
しれないけど…

偶然でも十分起こりうる
から、なんとも言えないね

図3

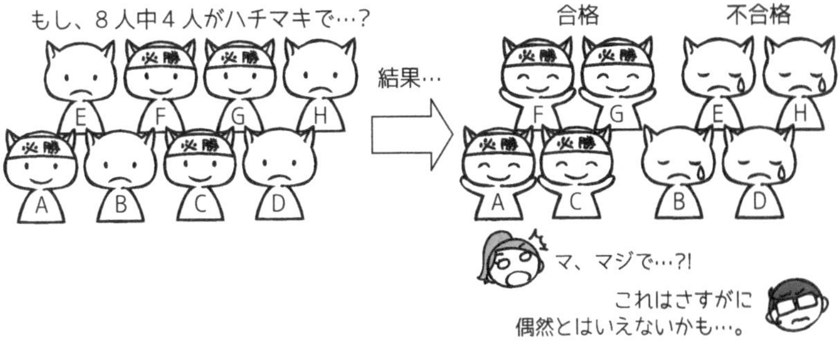

もし、8人中4人がハチマキで…？　　　合格　　　　　不合格

 結果…

マ、マジで…?!
これはさすがに
偶然とはいえないかも…。

図4

先ほどと同様に，偶然にも鉢巻を締めた
4人だけが合格となる確率が何％になるか
算出すると 0.39％ となります。この確率
はあまりに低いため「たまたま鉢巻を締め
た4人が，たまたま合格だったなんてこと
は，ほぼ起こらない」→「偶然ではない何
かがある」→「鉢巻の効果がある！」とい
う結論になります（図5）。

では統計的仮説検定の手順を，専門用語
を使ってより詳しく紹介します。

偶然起こる確率 | 0.39％ |

 なんと1％以下！
これは偶然で片づけられない！

この場合は
ハチマキの効果ありと
いえそうだね

図5

① 標本抽出と母集団の定義

　例題7の**標本**は受験生4名で、**母集団**はすべての受験生[3] です。例題7（図1）の受験結果は、この4名だけで起こった「偶然の状況」なのか、すべての受験生に起こる「偶然ではない状況」なのか、検定します。

② 帰無仮説と対立仮説の設定

　棄却[4] されることを目的に作られる仮説を**帰無仮説**といい、帰無仮説が棄却された時に採択される仮説を**対立仮説**といいます。帰無仮説では「偶然」「差がない」といった状況が、対立仮説では「偶然ではない」「差がある」といった状況が設定されます。

　今回の例題7では、帰無仮説を「鉢巻の効果はない」に、対立仮説は「鉢巻の効果はある」と設定します（図6）。

③ 有意水準の設定

　図3では6.25%を「偶然でも十分に起こる確率」と判断し、図5では0.39%を「偶然では、ほぼ起こらない確率」と判断しました。どうやってこの2つの確率の線引きをしたのでしょうか？　この時、判断の目安となる確率値が**有意水準**です（図7）。有意水準とは、何%以下だった場合に帰無仮説を棄却するか判断する基準となる確率値のことで、多くの場合**5%（または1%）**に設定されます。なお、この有意水準は研究者が任意で設定します。**今回は有意水準を5%**として話を進めましょう。

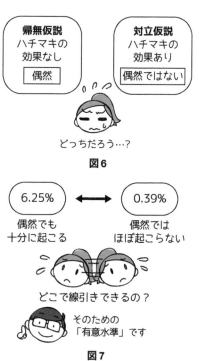

図6

図7

④ 帰無仮説において、標本の状況が起こる確率を算出する

　鉢巻の効果がない場合（＝帰無仮説）、例題7の状況が偶然起こる確率は6.25%です。なお、8人中4人が鉢巻を締めた状況では0.39%です。

3　正確には、「例題7で登場する私立中学受験のための塾に通っているすべての受験生」です。
4　「棄却」は統計学独特の表現です。破棄などと同じ意味で、捨て去ることです。

⑤ 有意水準と比較し，帰無仮説を棄却するか否か決定する

　まずは8人中4人が鉢巻を締めた状況から検証しましょう。この場合，偶然起こる確率は0.39%で有意水準5%以下なので，帰無仮説は棄却されます。結果，対立仮説が採択され，「鉢巻の効果はある」と統計的に示されたことになります（図8）。

　しかし，4人中2人鉢巻を締めた例題7の状況は，偶然起こる確率が6.25%で有意水準5%を超えているので，帰無仮説を棄却することはできません。ここで，今回のように帰無仮説を棄却できなかった場合，最終的な結論の述べ方に注意する必要があります。**帰無仮説が棄却されなかった場合，帰無仮説と対立仮説のどちらが正しいかを判断できません。**今回の場合，「鉢巻の効果はない」とまではいえず，「鉢巻の効果が，あるとは言い切れない」（＝鉢巻の効果があるかもしれないし，ないかもしれない）というあいまいな結論になってしまいます（図9）。

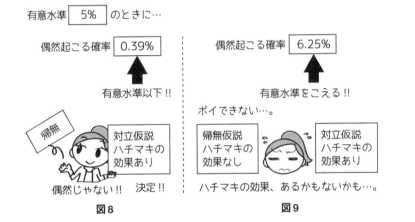

図8　　　　　　　　　図9

　結果をまとめると，以下のようになります。

　4人中2人鉢巻の場合は，合格した2人がたまたま鉢巻を締めた2人だった可能性が十分に考えられるため（6.25%＞有意水準5%），帰無仮説を棄却できず，統計的に鉢巻の効果があるとは言い切れません（図9）。

　しかし8人中4人鉢巻の場合は，合格した4人がたまたま鉢巻を締めた4人だった可能性は限りなく低いため（0.39%≦有意水準5%），帰無仮説は棄却され，統計的に鉢巻の効果が示されたことになります（図8）。

統計的仮説検定 まとめ

- ■ 偶然起こる確率が有意水準以下ならば，帰無仮説を棄却。
- ■ 偶然起こる確率が有意水準を超えているならば，帰無仮説は棄却できず，明確な結論を述べることができない。

15 第1種・第2種の誤り

type I and type II error

学習のポイント

☐ **院試頻出用語。まずは用語論述ができる状態を。**
☐ **混同しやすい。第1種＝棄却する誤り，第2種＝棄却しない誤り。**

About this word

統計的仮説検定によって導き出された結論は，100%真実である保証はありません。図1で前項の内容を確認しましょう。**有意水準を元に，帰無仮説を棄却するかしないかを判断**しました。しかし，棄却するという判断が誤りの可能性もありますし，棄却しないという判断が誤りの可能性もあります。**どちらの判断でも誤りの可能性はある**のです。本項では，この2種類の誤りについて学びます。やや混乱しやすい内容ですが，院試頻出分野です！ がんばって理解しましょう！

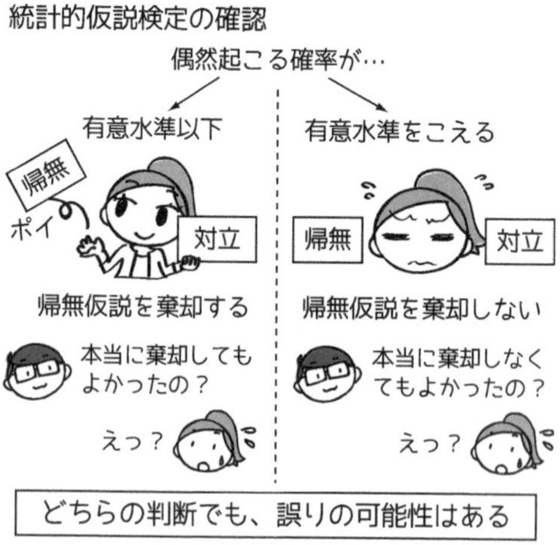

統計的仮説検定の確認

偶然起こる確率が…

有意水準以下　　　　有意水準をこえる

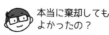
帰無仮説を棄却する　　　帰無仮説を棄却しない

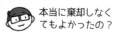
本当に棄却しても　　　本当に棄却しなく
よかったの？　　　　　てもよかったの？

えっ？　　　　　　　えっ？

どちらの判断でも、誤りの可能性はある

図1

■ 第1種の誤り

第1種の誤りは，帰無仮説を<u>棄却した</u>ときに起こる可能性がある誤りです。前項の例で考えてみましょう。8人中，鉢巻を締めた4人だけが偶然合格する確率は0.39%と有意水準5%以下だったために，帰無仮説を棄却し「鉢巻の効果はある」と判断しました。

これはある意味，0.39%の可能性を切り捨てたといえます。ひょっとしたら，本当は「鉢巻の効果はなかった」のに，鉢巻を締めた人だけが偶然合格する0.39%

という非常に低い確率の状況が，偶然起こってしまっただけかもしれないのです。この場合，棄却するという判断は誤りとなります。

　このように，<u>真である帰無仮説を棄却する誤り</u>のことを，**第1種の誤り**といいます。そして第1種の誤りを犯す確率は，<u>有意水準（α）</u>と等しいです。なぜなら，有意水準を5%とした場合，5%以下の確率を棄却していますが，それが真実であるかもしれないからです。よって，有意水準を1%としたなら，第1種の誤りを犯す確率は1%です。

■ 第2種の誤り

　第2種の誤りは，帰無仮説を<u>棄却しなかった</u>ときに起こる可能性がある誤りです。

　たとえば前項では，4人中，鉢巻を締めた2人だけが偶然合格する確率が6.25%と有意水準5%を超えたために，帰無仮説を棄却せず「鉢巻の効果があるとは言いきれない」と判断しました。しかしひょっとしたら，本当は「鉢巻の効果はあった」のかもしれません。「鉢巻の効果なし」という帰無仮説は，きちんと棄却しなければならなかったのかもしれないのです。

　このように，<u>偽である帰無仮説を棄却しない誤り</u>のことを，**第2種の誤り**といいます。第2種の誤りの確率は<u>β</u>を使って表します。

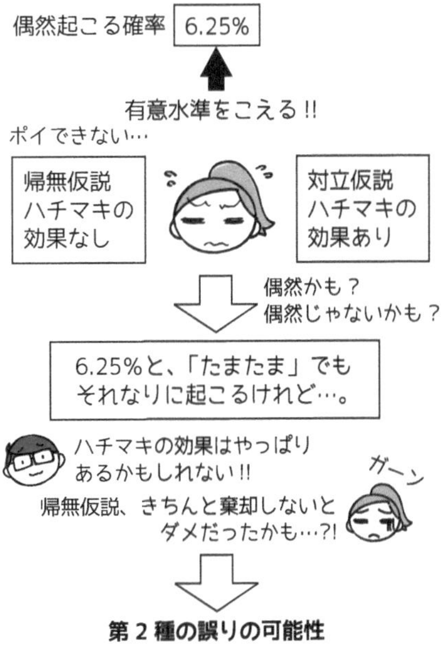

有意水準 | 5% | のときに…
偶然起こる確率 | 0.39%

有意水準以下‼

帰無

偶然じゃない‼

対立仮説
ハチマキの
効果あり

決定‼

実は…？

0.39%の状況が
「たまたま」起こっただけで…

ハチマキの効果は，やっぱり
ないかもしれない！！

ガーン

帰無仮説，棄却しちゃ
ダメだったかも…？！

第1種の誤りの可能性
図2

偶然起こる確率 | 6.25%

有意水準をこえる‼

ポイできない…

帰無仮説
ハチマキの
効果なし

対立仮説
ハチマキの
効果あり

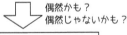

偶然かも？
偶然じゃないかも？

6.25%と、「たまたま」でも
それなりに起こるけれど…。

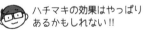

ハチマキの効果はやっぱり
あるかもしれない‼

ガーン

帰無仮説、きちんと棄却しないと
ダメだったかも…?!

第2種の誤りの可能性
図3

---

5 偽である帰無仮説を，正しく棄却する確率を指して<u>検出力</u>といいます。低すぎる有意水準は「帰無仮説を棄却しない」という判断に偏るため，検出力の低下を招きます。

■ 適切な有意水準

　有意水準が高すぎると，図4のように「帰無仮説を棄却する」という判断に偏り，<u>第1種の誤り</u>が起こりやすくなります。対して有意水準が低すぎると，今度は図5のように「帰無仮説を棄却しない」という判断に偏り，<u>第2種の誤り</u>が起こりやすくなります[5]。5%や1%といった有意水準が選択される理由は，高すぎず低すぎない「ほどよい」有意水準だからです。

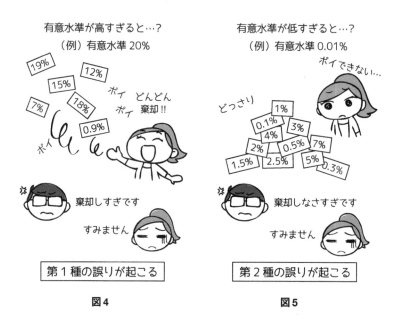

有意水準が高すぎると…？
（例）有意水準 20%

棄却しすぎです
すみません

第1種の誤りが起こる

図4

有意水準が低すぎると…？
（例）有意水準 0.01%

棄却しなさすぎです
すみません

第2種の誤りが起こる

図5

　第1種の誤りと第2種の誤りをまとめると，以下のようになります。第1種と第2種は混同しやすいので，注意して判別しましょう。

		帰無仮説が実際は	
		真	偽
帰無仮説を	棄却する	<u>第1種の誤り</u> α	<u>正しい判断</u> $1-\beta$（検出力）
	棄却しない	<u>正しい判断</u> $1-\alpha$	<u>第2種の誤り</u> β

第1種・第2種の誤り まとめ

■ 第1種の誤りとは，真である帰無仮説を棄却する誤りのこと。

■ 第2種の誤りとは，偽である帰無仮説を棄却しない誤りのこと。

■ 有意水準は高すぎても低すぎても，誤りの可能性を高める。

対立仮説は，なぜ棄却されない？

統計的仮説検定は，実は「えげつない構造」をしています。

例えば『効果がある！』と主張したい場合（この主張が"なぜか"対立仮説とよばれます），まずは反論を煽ります。煽られて「効果がない！」と反論してしまったそこの貴方，ああ可哀想に。あなたは帰無仮説という"無に帰す運命"を背負った名前をつけられてしまいます。

次に対立仮説は，帰無仮説に言います。『**きみ，確率は何%？　5%以下なら，棄却しちゃうからね！**』なんとも一方的な言いようです。事実，例題7で扱われているように，確率が0.39%とかだと，サクッと帰無仮説は棄却されてしまうのです。

帰無仮説が棄却された今，唯一残された対立仮説は声高らかに言います。『ほら，ワタシが正しかった！効果はあるのだ！』と。そう，対立仮説は「**帰無仮説に反論させておいて，その反論を叩き潰す（＝棄却する）ことで，正当性を主張する**」という"えげつない"やり方をしているのです。対立仮説は「帰無仮説と"対立"することでしか正当性を主張できない」，そんな仮説であり，そのため統計的仮説検定では，その検定で主張したいことが，なぜか対立仮説とよばれるのです。

ではここで疑問が生じます。なぜ帰無仮説は棄却されるリスクがあるのに，対立仮説は棄却されないのでしょう。実は，帰無仮説の「効果がない」という状態は，"効果が0"という1つの状態のみを指すため，確率を求めることができます。しかし対立仮説の「効果がある」という状態は，"効果が1かもしれないし，2かもしれないし，100かも，1000かもしれない"と無限の状態を指しており，とうてい確率を求めることなどできないのです。

よって確率をもとに棄却の判断ができるのは帰無仮説だけであり，だからこそ，統計的仮説検定は「帰無仮説に反論させておいて，叩き潰す」というえげつない構造になっているのです。

確認問題 7

(1) 太郎はじゃんけんの強さに自信があり，弟の次郎よりも，じゃんけんが強いと宣言している。そこで本当に太郎の方が強いか確かめるために，太郎と次郎は 4 回じゃんけんを行った。結果は太郎の 4 連勝だった。この結果から太郎の宣言が妥当であるか，統計的に検定を行った。以下の問いに答えなさい。なお，有意水準は 5% とする。

① この統計的仮説検定における帰無仮説・対立仮説を述べなさい。

② 太郎がじゃんけんで勝利する確率が 50% だった場合，4 連勝する確率は 6.25% である。この確率から，この統計的仮説検定における結論として正しいと思われる文章を，以下のア〜エより 1 つ選びなさい。

ア　太郎は次郎よりもじゃんけんが強い。

イ　次郎は太郎よりもじゃんけんが強い。

ウ　太郎は次郎よりもじゃんけんが強いとは言いきれない。

エ　太郎と次郎のじゃんけんの強さには差がない。

③ 太郎が 5 連勝した場合，その確率は 3.125% となる。5 連勝だった場合，統計的仮説検定の結論として正しいと思われる文章を，③のア〜エより 1 つ選びなさい。

(2) 以下の①・②に当てはまる用語を答えなさい。

統計的仮説検定は常に誤りの可能性を考えなければならない。誤りの可能性には 2 種類あり，偶然ではない偏りを偶然とみなす場合と，偶然の偏りを偶然ではないとみなす場合がある。後者の誤りのことを（　①　）といい，その確率は（　②　）に等しい。

解　説

（1）

① 一般的に帰無仮説には<u>差がない</u>状況が，対立仮説には<u>差がある</u>状況が設定される。そのため，帰無仮説は<u>実力差なし</u>の状況を，対立仮説には<u>太郎の方が強い</u>状況を，それぞれ設定しよう。

② 有意水準5%を超えるため，帰無仮説を<u>棄却できない</u>。帰無仮説と対立仮説のどちらが正しいか，判断できない状況だ。よって「4連勝もしたのだから太郎の方が強いかもしれないし，偶然でも4連勝してしまう確率は十分に考えられるので，やっぱり実力差はないのかもしれない」というあいまいな結論になる。このあいまいさを的確に表した文章は，今回の選択肢では<u>ウ</u>になるだろう。

　なお，<u>「帰無仮説を棄却しない＝帰無仮説は正しい」ではない</u>点に絶対に注意したい。そのため，エの解釈は注意すべき**誤り**となる。

③ 有意水準5%以下であるため，帰無仮説を<u>棄却する</u>。対立仮説が採択されるので，太郎の方が強いと統計的に示された。よって<u>ア</u>となる。

（2）（1）の③を例に挙げて説明しよう。太郎の5連勝という「偏った」結果について，3.125%の確率で起こった「偶然」かもしれないのに，その確率が低いために帰無仮説を棄却し，太郎の実力という「偶然ではない」結果と結論づけている。よって，もし5連勝がただの「偶然」だったなら「偶然ではない」（＝太郎の実力）という判断は誤りとなる。

　このような，帰無仮説の棄却によって起こる誤りを<u>第1種の誤り</u>という。そして，その確率は帰無仮説を棄却する判断となる<u>有意水準</u>と等しくなる。なお，問題文の前半は<u>第2種の誤り</u>の説明である。

解　答

（1）① 帰無仮説…<u>太郎と次郎のじゃんけんの強さに差はない。</u>

　　　　対立仮説…<u>太郎の方が，じゃんけんが強い。</u>

　　② <u>ウ</u>　　③ <u>ア</u>

（2）① <u>第1種の誤り</u>　　② <u>有意水準</u>

例題7 解答・解説

解答例

　帰無仮説を「"神話"は存在しない（鉢巻の効果はない）」，対立仮説を「"神話"は存在する（鉢巻の効果はある）」として，統計的仮説検定を行う。

　問題文中にも示されているように，鉢巻の効果がなくとも，鉢巻を締めた2人だけが偶然合格になる可能性は6.25％である。これは有意水準5％を上回っているため，帰無仮説を棄却できない。よって今回の結果からは「"神話"は存在するとも，しないともいえない」という曖昧な結論となる。なお，今回の帰無仮説を棄却しないという判断から得られた結論は，第2種の誤りの可能性もある。

解　説

　帰無仮説を棄却できない場合の結論が正しく記述できているかがポイントとなる。具体的には，帰無仮説が棄却されなかったからといって，帰無仮説が「勝利」したかのような「"神話"は存在しないことが，明らかになった」と述べられていたら，その記述は誤りとなる。帰無仮説が棄却できない場合の結論は，帰無仮説と対立仮説のどちらが正しいかわからず「"神話"は存在するかもしれないし，存在しないかもしれない」という曖昧なものに留めなければならない。

　なお，もし問題文中に有意水準5％以下の確率が示されていたら帰無仮説は棄却されるため，対立仮説である「"神話"は存在する」のみが残り，明確な結論を述べることが可能となる。ただしその場合も「帰無仮説を本当に棄却してもよかったのか？」という第1種の誤りの可能性に触れておくことが望ましい。

例題8 平均値の差の検定

学校適応感を高めるための新しい介入法Aの効果を検証するために,以下の実験が行われた。中学2年生のあるクラスには新しい介入法Aを,もう1つのクラスには従来の介入法Bを実施し,3ヶ月後に各クラスの学校適応感を測定した。右のグラフは,3ヶ月後の各クラスの学校適応感の平均値である。統計的検定を実施した結果,両クラスの平均値には有意な差が認められた。以下の問いに答えなさい。

(1) どのような統計的検定を実施したと考えられるか。検定の名称を答えなさい。

(2) 上記の文章から,新しい介入法Aについてどのようなことがいえるか。あなたの考えを述べなさい。

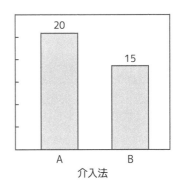

図　学校適応感の平均値

例題8の攻略ポイント

・平均値の差の統計的検定に関する理解を問う出題。
・平均値の差の統計的検定は,代表的なものに*t*検定と分散分析がある。まずはこの2つの検定に関する理解を深めよう。

▶ 用語解説は次ページから　▶ 解答例は p.118

16 t 検定

t-test

学習のポイント

☐ 「2群の平均値の差」といえば t 検定！　と即答できるように。

☐ 対応のあるなしを，自分で判断できるようにしておこう。

About this word

　2群の平均値の差が，誤差であるか有意差であるかを検定する際に用いる統計的仮説検定が，**t 検定**です。まずは**誤差**とは何か，**有意差**とは何かを確認するところからはじめましょう。

図1

図2

図1のように，トランプを4枚ずつ配ったところ，Aの平均値が10，Bの平均値が4となりました。しかし，この**平均値の差は偶然**といえるでしょう。このように，偶然によって生じた差を**誤差**とよびます。

対して，図2を見てください。Aは絵札を含んだカードの中から4枚を，Bは絵札を含まないカードの中から4枚を与えられました。図1と同様にAの平均値は10，Bの平均値は4となったようですが，**この平均値の差を偶然とよんでもいいのでしょうか？** この平均値の差は，もともとのカードの束が違うせいで起こった差であり，偶然ではないと考えられます。このように，偶然によって生じた差ではなく，なんらかの意味をもつ差のことを**有意差**といいます。

では改めて例題8を確認しましょう。この研究では，**教授法A群とB群の5点差が，誤差であるか有意差であるか**を，統計的に確かめようとしているのです。そのための手法が，冒頭で紹介したt検定です。

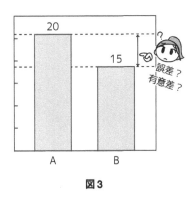

図3

例題8

■ t検定の流れとイメージ

今回の例題8を用いて，t検定の流れを紹介します。t検定は統計的仮説検定の中の1つなので，基本的な流れは同じです。帰無仮説などの専門用語が不明な場合は「14　統計的仮説検定」などを復習してください。

① 標本抽出と母集団の定義

例題8の標本は中学2年生の2クラスで，母集団はすべての中学2年生です。今回の5点差が，この2クラスで偶然起こった誤差なのか，どの中学2年生であっても起こる有意差なのか，検定します。

② 帰無仮説と対立仮説の設定

帰無仮説は「平均値の差はない（＝誤差）」，対立仮説は「平均値の差はある（＝有意差）」とします。

③ 有意水準の設定

例題8では明記されていません。ここでは仮に有意水準5％とします。

④ 帰無仮説において，標本の状況が起こる確率を算出する。

t 検定では，t 値とよばれる値を用いて誤差が生じる確率を求めます。ここで求められた確率が，設定した有意水準5％以下だったなら帰無仮説を棄却，5％を超えていたら帰無仮説を棄却できません。

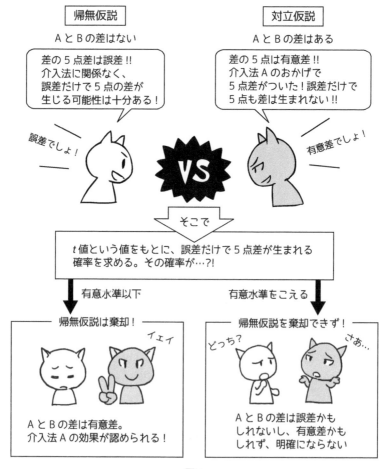

図4

⑤ **有意水準と比較し，帰無仮説を棄却するか否か決定する。**

例題8の問題文中の「結果」に「両クラスの平均値には有意な差が認められた」とあることから，帰無仮説は棄却されたようです。よって，介入法Aは従来の介入法Bよりも効果が高いことが示されました。

■ **対応のある t 検定と対応のない t 検定**

実は t 検定には「対応のある t 検定」と「対応のない t 検定」の2種類があります。対応するデータの組を作ることができる場合は**対応のある t 検定**を，作ることができない場合は**対応のない t 検定**をそれぞれ用います。今回の例題8では，介入法Aを受けたクラスと介入法Bを受けたクラスは別なので，対応するデータの組を作ることができません。しかし，もしすべての生徒が介入法Aと介入法Bの両方を受けていたら，図5のように対応するデータの組を作ることができます。前者の場合，対応のない t 検定を，後者の場合対応のある t 検定を，それぞれ用います。

	a君	b君	…	平均
介入法A	70	60	…	82

	X君	Y君	…	平均
介入法B	50	40	…	67

 対応のない t 検定

a君の得点は，
Aの時は70点だけど，
Bの時は50点
70と50は「対応している」!

	a君	b君	…	平均
介入法A	70	60	…	82
介入法B	50	40	…	67

対応のある t 検定

図5

実は，対応のあるなしによって，帰無仮説を棄却する判断に用いる **t 値の算出方法が異なります**。t 値は統計ソフトが自動で計算してくれますが「どちらの算出方法で行うか」は，研究者が指示しなければなりません。もちろん対応のあるなしが，院試で問われることもあります。**対応のあるなしは，自分自身で判断できるように**しておきましょう。

> ╭─ **t 検定 まとめ** ─╮
> ■ **t 検定とは，2群の平均値の差を検定する統計的仮説検定。**
> ■ **対応のあるなしは，標本データから研究者自身で判断する。**

17 分散分析

analysis of variance

学習のポイント

□ 「3群以上の平均値の差」といえば分散分析！ と即答できるように。
□ 帰無仮説が棄却されたあとの解釈に注意しよう。

About this word

前項で，2群の平均値の差が有意差であるかを確かめるために，t検定という統計的仮説検定が用いられることを学びました。では右の図1のように，例題8から新たな介入法Cが増えて，**3群になった場合はどうやって平均値の差を検定するのでしょうか？**

このように3群以上の平均値の差の検定は，**分散分析**という統計的仮説検定が用いられます。そこで本項では，分散分析の方法と注意点を学習していきましょう。

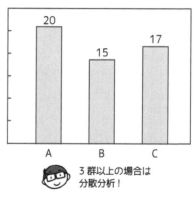

3群以上の場合は
分散分析！

図1

■ t検定との差異

基本的な流れはt検定とほぼ同じです。分散分析ではt値ではなく**F値**という値を使って確率を求めますが，得られた確率が有意水準以下ならば帰無仮説を棄却するという点は，t検定とまったく同じです。ただしこの**帰無仮説の棄却から先が，最も大きく異なる点**です[1]。

「平均値に差がない」という帰無仮説が棄却されると「平均値に差がある」という対立仮説が採択されます。ただしこの段階では，図2のように，**AとB，BとC，AとCのどれが有意差なのか，まだ判明していないのです。**

---

1 t検定とは自由度の扱いも異なります。詳しくはp.166「25 自由度」で。

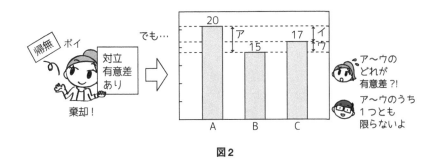

図2

そこで，分散分析では帰無仮説が棄却された後に，有意差の数と場所を特定するために，**多重比較**という事後検定を必要とします[2]。

■ 多重比較の解釈

たとえば多重比較の結果，以下の図3のような結果になったとします。

この場合，AとB，BとCに有意差が認められたため，BよりもAやCが効果的であることが示されました。しかし，AとCの有意差が認められなかったため，「CよりもAの方が，より効果的である」とはいえないのです。グラフや数字の見た目だけで，Aが1番，Cが2番，Bが3番と述べてはいけないことになります（Bが3番目であることは，まちがってはいませんが…）。

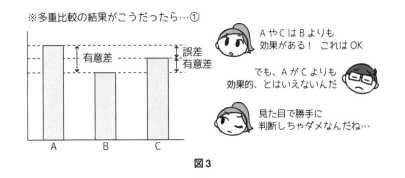

※多重比較の結果がこうだったら…①

図3

もう1つ例を挙げてみましょう。多重比較の結果，以下の図4のような結果になったとします。

---

2 多重比較にはさまざまな方法があります。多くの研究者が用いている方法にテューキー法がありますが，どの方法で多重比較を行うかは，最終的に研究者の判断に委ねられます。

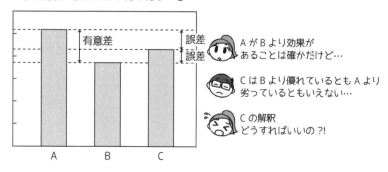

※多重比較の結果がこうだったら…②

図4

　この場合，有意差が認められたのはAとBだけで，BとC，AとCには有意差が認められなかったことになります。そうなると，AがBよりも効果的であることは確かですが，CはBより効果的であるとも，Aより効果的ではないともいえないため，実に解釈に苦しむ結果となります。このような場合は，基本的にはCについて明言せず，AとBだけで考察を述べることになるでしょう。

　分析結果の解釈にあたっては，見た目だけで有意差を勝手に特定してはいけません。帰無仮説が棄却されただけでは「どこかに有意差がある」という程度しかわからないと考え，多重比較に移りましょう。

MORE!!

　t検定や分散分析では，①無作為抽出，②母集団の正規性，③母分散の等質性という3つの仮定を必要としています。①は「13　外的妥当性」を参照してください。②と③については，t値やF値などの帰無仮説の棄却に関わる統計量を的確に求めるために，各群の母集団が正規分布であることや分散が等しいことを仮定します。より厳密にt検定や分散分析を行うならば，3つの仮定を確認する必要があります。ただし，標本の人きさをある程度人きくすることで，これらの仮定は問題にならなくなるともいわれています。

分散分析 まとめ

■ 分散分析とは，3群以上の平均値の差を検定する統計的仮説検定。
■ 帰無仮説が棄却された段階では，有意差の数と場所が特定されていないため，多重比較（テューキー法など）を必要とする。

片側検定と両側検定

有意水準を決定する時，同時に決定すべき事項に「検定の方向性」とよばれるものがあります。たとえば，以下の仮説[3]を比べてみましょう。

仮説1：機械Aよりも機械Bの方が良い性能である。

仮説2：機械Aと機械Bの性能に差がある。

仮説1は，機械Bの方が良い性能であることを想定しています。仮説2は，機械Aの方が良い性能である場合と，機械Bの方が良い性能である場合の両方を想定しています。

このとき，仮説1を**片側検定**，仮説2を**両側検定**といいます。そして**両側検定**の場合，**有意水準を半分に分けて**両方の可能性を考えます。たとえば有意水準を5%と設定した場合，有意水準を**2.5%**として帰無仮説を棄却するか否かを判断するのです。

両側検定にすると有意水準は小さくなり，帰無仮説が棄却されにくくなります。しかし，両側検定としてはじめた検定を，帰無仮説が棄却されないからといって，棄却されやすい片側検定に変更するのは，ルール違反です。検定の方向性は，**理論的背景から事前に決定しておく**必要があります。

なお，検定前から仮説1のように方向性が決まっていることは少ないため，原則として両側検定を用いることが一般的です。

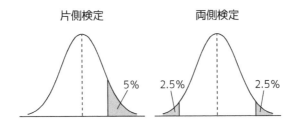

片側検定　　　　　両側検定

5%　　2.5%　　　2.5%

---

3 例示されている仮説は両方とも対立仮説です。つまり，検定の方向性は対立仮説の内容で決定します。なお，どちらの仮説を検証するにしても「機械Aと機械Bの性能に差がない」という帰無仮説を立て，その帰無仮説の棄却を目指す点に変わりはありません。

確認問題 8

(1) 対応のないt検定を用いる場合はAを，対応のあるt検定を用いる場合はBを，t検定を使えない場合はCをそれぞれ答えよ。

① A大学とB大学の学生について，恋愛に関する意識の差を調査する。

② バイオレンス映画視聴後は，視聴前よりも個人の攻撃性が増大するか検定する。

③ ある中学校のA組において，英語と国語のクラス平均得点に差があるかどうか検定する。

④ 被験者を発見学習群と統制群に分け，各群の学習成績の平均値の差を検定することで，発見学習の効果があるか検討する。

⑤ A会社とB会社合同で，性役割に関する意識について，夫婦間でどのような差があるか調査が行われた。

⑥ ある中学校A組の，英語・数学・国語の3教科のクラス平均得点のうち，どの得点が最も高いか検定する。

解　説

　　データの組を作ることができるか否かで，対応のあるなしを判断しよう。②はある個人の視聴前の攻撃性と視聴後の攻撃性で，データの組を作ることができる。③も，ある個人の英語の得点と国語の得点で，データの組を作ることができる。⑤は，ある夫婦の夫と妻で，データの組を作ることができる。よって，②・③・⑤が，対応のあるt検定となる。
　　⑥は3群あるため，t検定ではなく分散分析を用いる。

解　答

① A　　② B　　③ B

④ A　　⑤ B　　⑥ C

(2) t 検定と分散分析に関する以下の文のうち，適切な文章をすべて選び，記号で答えなさい。

ア t 検定において，帰無仮説が棄却されなかった場合，2群の平均値は等しいことを意味する。

イ t 検定において，有意水準5%よりも有意水準1%で有意差が認められた時の方が，平均値の差がより大きいことを意味する。

ウ 分散分析は，3群以上の平均値の差を検定する際に用いられる。

エ 分散分析において，帰無仮説は「すべての群の平均値に差はない」対立仮説は「すべての群の平均値に差がある」と設定される。

オ 分散分析では，すべての群の母集団が，正規分布であることを仮定して分析が行われている。

解　説

ア 帰無仮説が棄却されなかったからといって，対立仮説が棄却されるわけではない。そのため，有意差はあるかもしれないし，ないかもしれず，2群の平均値が等しいとは言い切れない（p.108図4参照）。よって誤り。

イ たとえばA群が20点，B群が15点だった場合，5%有意でも1%有意でも，A群とB群の差は5点で変わらない。1%有意の方が，第1種の誤りを犯す確率が少ないにすぎない。よって誤り。

ウ 2群の場合は t 検定，3群以上の場合は分散分析。よって適切。

エ 分散分析における帰無仮説が棄却されたからといって，すべての群の平均値の差が有意差であるとは限らない（p.111図2参照）。どの部分が有意差であるか，多重比較が必要となる。よって誤り。

オ 分散分析では，母集団が正規分布であることや，各母集団の分散が等しいことなどを仮定している。よって適切。なお，分散分析や t 検定のように母集団の正規性や分散が等しいことを仮定した上で行う分析のことを総称してパラメトリック検定とよぶ。

解　答

ウとオ

応用問題1

(1) 一般に２群の平均値の差の検定には t 検定を，３群以上の平均値の差の検定には分散分析が適しているといわれている。また，分散分析における帰無仮説が棄却された後には，多重比較が必要とされている。このことを学んだある学生が言った。

「分散分析必要ないじゃないですか。だって，３群のうち２群を対にして t 検定，また別の対を作って t 検定…ってやれば，分散分析・多重比較と同じ結果が得られますよね？」

しかし，その言葉を聴いた先生は首を横に振った。

「その方法には，問題があるんです。有意水準の問題とかね」
なぜ，学生の言う方法ではなく，３群以上では分散分析と多重比較を用いるのだろうか。

【問】もともと，なぜ分散分析の後には多重比較が必要とされるのか。また，２群ずつ取り出しそれぞれ t 検定をする方法は，どのような問題があるのか。あなたの考えを説明しなさい。

解答例

（1）分散分析において帰無仮説が棄却されたとしても，有意差の数と場所は特定されていない。よって，数と場所を特定するために多重比較を必要とする。この手順は，２群ずつ対にして t 検定を複数回くり返しても同じように思われるが，有意水準に関する大きな問題が生じる。t 検定では有意水準５％のように，第１種の過誤を犯す確率を認めている。これが５％であるなら，「第１種の過誤を犯さない確率」が95％となる。ここで t 検定を複数回行った場合，「第１種の過誤を犯さない確率」は，２回行えば $0.95 \times 0.95 \fallingdotseq 0.9$，３回行えば $0.95 \times 0.95 \times 0.95 \fallingdotseq 0.86$ というように，回数を重ねるほど低下していき，第１種の過誤を犯しやすくなっていく。よって，３群以上の検定には分散分析と多重比較が用いられるのである。

解　説

（1）例として成功率95％の開腹手術を考えてみよう。手術を重ねるごとに，成功率は0.95×0.95×0.95×0.95…というように低下し，開腹される度にリスクは上がっていく。手術を1回で済ませて欲しいと思うのは当然だろう。t検定でも同様だ。右表のように回数を重ねるごとに「第1種の誤りを犯さない確率」が低下していくため，複数回くり返すことは望ましくない。

m	$(1-\alpha)^m$	α_{FW}
1	.95 (95%)	.05 (5%)
2	$.95^2$ (90%)	.10 (10%)
3	$.95^3$ (86%)	.14 (14%)
4	$.95^4$ (81%)	.19 (19%)

m…検定回数　α…有意水準（5%）
$(1-\alpha)^m$…第1種の誤りを犯さない確率
α_{FW}…1回以上第1種の誤りを犯す確率

　なお，多重比較の代表格であるテューキー法は，「1回以上第1種の誤りを犯す確率」が，有意水準を超えないように工夫されているため，上記のような問題は起こらない。

（2） ある学生が t 検定を行ったところ，有意差が示されなかった。その場合の有意水準は5％に設定していたのだが，試しに有意水準を10％に変更して再度分析を行ったところ有意差が示されたため，その結果を用いて考察を記述した。学生はその考察をゼミで報告した。ゼミに参加している他の学生が，あきれ顔で言った。

「有意水準10％の結果で考察を書くのはまずい。有意水準は低ければ低いほどいいんだ」

しかし，その言葉を聴いた先生は首を横に振った。

「たしかに有意水準10％には問題がありますが，実は，帰無仮説を棄却する基準となる有意水準が低ければ低いほどいい，というわけでもなかったりするんですよね」

【問】有意水準が高いことによって，どのような問題が生じるのか。また，帰無仮説を棄却する基準となる有意水準が低すぎることにはどのような問題があるのか。あなたの考えを説明しなさい。

117

解答例

（2）帰無仮説を棄却する基準となる有意水準が高すぎると，帰無仮説が棄却されやすくなる。その場合，帰無仮説が真であっても棄却されてしまうという誤りを犯す確率が上がる。つまり，第1種の誤りを犯す確率があがることになる。

　帰無仮説を棄却する基準となる有意水準が低すぎると，今度は帰無仮説が棄却されにくくなる。あまりに有意水準が低すぎると，ほとんどの帰無仮説が棄却されないことになる。それは本来棄却されるべき偽の帰無仮説が棄却されない確率が上がることを意味する。つまり，第2種の誤りを犯す確率が上がることになる。また，本来棄却されるべき帰無仮説を，正しく棄却する確率である「検出力」が低下することも意味する。

このように，高すぎる有意水準は第1種の誤りを犯す確率を高め，また，低すぎる有意水準は第2種の誤りを犯す確率を高め，正しく仮説検定を行う「検出力」を低下させる。よって，心理学における有意水準は5％に設定することが一般的である。

解　説

（2）適切な有意水準については，p.100 を参照。特に，p.100 の図4や図5のようなイメージを持てておくと，高すぎる基準の設定も低すぎる基準の設定も，問題であることがわかるだろう。そのため，多くの心理学研究では，5％以下の帰無仮説を棄却することが慣例化している。

雨の日の統計学

　本書の著者である宮川は，統計的仮説検定の講義をするときに，よく「天気予報」に例えます。天気予報が晴れ予報だったからといって，必ず晴れるとは限りません。同様に，雨予報だったからといって，必ず雨とは限りません。

　同様に統計的仮説検定も，統計的有意が示されたからといって，必ず有意差があるとは限りません。有意水準5％などの用語が登場するように，統計的仮説検定は「**確率論**」です。そのため，統計的仮説検定には常に誤りの可能性を含むものになります。だからこそ，第1種の誤り・第2種の誤りという概念が重要となるのです。

　みなさんは，降水確率10％と言われたら，傘を持って出かけますか？

　「10％ぐらいなら，雨なんて降らないだろう」

　そんなあなたは，**傘という帰無仮説を棄却しました**。しかし，ひょっとしたら雨が降るかもしれません。その時にあなたは思うのです。「やっぱり，傘を持ってくればよかった（＝帰無仮説を棄却したことは，誤りだった）」これが，**第1種の誤り**です。

　「10％でも雨は降るかもしれない。傘は持っていこう」

　そんなあなたは，**傘という帰無仮説を棄却しませんでした**。しかし，もちろん雨は降らないかもしれません。その時にあなたは思うのです。「やっぱり，傘を置いてくればよかった（＝帰無仮説を棄却しないことは，誤りだった）」これが，**第2種の誤り**です。

　つまり，どちらの判断をしても誤りの可能性を含むものであり，統計的仮説検定に「絶対」は存在しないのです。

　ちなみに「降水確率」と「降水量」は別のものになります。降水確率90％でも小雨かもしれませんし，降水確率10％でもどしゃぶりかもしれません。この話題は，**統計的有意と効果量**という別の話題（**例題14**を参照）に関係することになります。

例題 8 解答・解説

解答例

(1) 対応のない t 検定

(2) 統計的検定の結果だけを見れば，両クラスの平均値には有意な差が認められたことから，介入法Aは学校適応感への効果があったと考えることができる。

　　しかし，本問の記述だけでは，本当に介入法Aの効果とはいえない可能性がある。例えば介入法Aを実施したクラスの教師と，介入法Bを実施したクラスの教師が異なっていた場合，教師の力量や態度・雰囲気が，クラスの生徒の学校適応感に影響した可能性がある。

　　また，介入前の学校適応感が測定されていないことにも注目したい。介入法Bを行ったクラスは，介入法Aを行ったクラスより3ヶ月後の学校適応感が低かったが，これは介入法実施前からすでに存在していた差かもしれない。介入前にも学校適応感が測定されており，介入前は両クラスが同等であることが望ましい。

　　以上のことから，今回の統計的検定の結果だけでは，必ずしも介入法Aの効果があるとは言い切れないであろう。

解　説

(1) 介入法Aと介入法Bは別のクラスであり，対応するデータの組を作ることができないため，対応のない t 検定と考えられる。なお，(2) については，教授法A群と教授法B群は別のクラスであり，対応するデータの組が作れないため，「対応のない t 検定」とした。

(2) 単純に考えれば「介入法Aの効果があった」と述べて終わってしまう。しかしそれでは，論述としてあまりにも味気ない。そこで，本当に t 検定の結果だけで「効果があった」とみなしてよいのか？　という疑問のもと，教師の統制や実施前の統制（あるいは，介入法Aと介入法Bを行ったクラスは，無作為に分けられたクラスなのか？　という論点で述べることも可能）について言及した。このあたりは，効果研究（例題14）に関する知識も重要となるだろう。

　小学生の社会的スキルの獲得を目指す新しい介入法Xが開発され，従来の介入法Yとの比較が行われることになった。小学生児童20名を無作為に2群に分け，介入前と介入後の社会的スキルについて観察者による評定が行われた。評定の結果は以下のとおりである。

介入法X実施前　17, 16, 18, 17, 16, 15, 15, 17, 18, 16
介入法X実施後　18, 20, 20, 19, 20, 20, 19, 19, 20, 19

介入法Y実施前　15, 14, 16, 14, 17, 15, 14, 15, 16, 17
介入法Y実施後　16, 17, 18, 17, 16, 17, 16, 17, 17, 18

問1　上記の結果について各群の平均値を求め，図にまとめなさい。

問2　問1でまとめた図をもとに，以下の所見を述べた。（　　）に当てはまる語を記入しなさい。

　得られた結果から，介入法と時期の（　　①　　）が予想される。特に実施後において，介入法の（　　②　　）があると予想される。そこで，上記の予想を検討するための統計手法として，（　　③　　）が選択された。

例題9の攻略ポイント

・問1では，問2を踏まえると，介入法と時期を組み合わせた効果が明確になるようなデータの整理や図示が求められている。
・問2では，要因計画法に関わる用語の記入が求められている。まずは要因計画法の各用語を，1つずつ理解するところからはじめよう。

▶ 用語解説は次ページから　▶ 解答例は p.134

18 要因計画法

factorial design

学習のポイント

□ 2つの要因を組み合わせる理由・意義を理解しよう。
□ 要因計画法に関わるさまざまな用語をおさえよう。

About this word

　例として，**「学習法1と学習法2のど
ちらが有効か？」**ということを検討する
場面を考えてみたいと思います。この時，
単純に学習法1と学習法2を比較すると，
図1のようになったとします。学習法1
で学んだ人の平均点と学習法2で学んだ
人の平均点を比較して[1]，学習法2の方
が高ければ，学習法2の方が効果的であ
ると結論づけることができます。

　しかし図1では，**単純化されすぎてい
る**ように思われます。はたして学習法2
は，万人に有効なのでしょうか。学習法
2が有効な人もいれば，有効ではない人
もいるのではないでしょうか。その違い
を分けるものは何でしょうか。

　そこで「学習法1か学習法2か」とい
う視点だけでなく**「男性か女性か」**とい
う視点を加えてみましょう。それが図2
です。

　図2は「学習法1の男性」「学習法1の

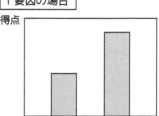

1 要因の場合

得点

学習法1　学習法2

学習法2は
誰でも効果があるのかなあ…
ちょっと話を
単純化しすぎてるね

図1

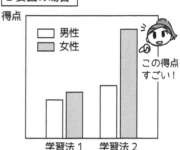

2 要因の場合

得点

□ 男性
■ 女性

この得点
すごい！

学習法1　学習法2

学習法2はとくに女性に
有効！　とわかるね

図2

---

1 この場合，用いるのはt検定です。詳細は
p.106「16 t検定」で。

女性」「学習法2の男性」「学習法2の女性」でそれぞれ平均点を求め，グラフにしたものです。男性では，学習法1と学習法2の平均点の差が少ないことに対し，女性では，学習法1と学習法2の平均点の差が非常に大きいです[2]。このことから「学習法2は，とくに女性に有効である」といえます。図1の状態よりも議論が深まり，より「面白く」なったと考えられます[3]。

　このように，2つ以上の要因を組み合わせた研究計画のことを**要因計画**といいます。なお，今回の例（図2）では，「学習法1か2か」「男性か女性か」という2つの要因を組み合わせています。また，要因計画においては，ある要因の効果がもう片方の要因によって異なる**交互作用**という現象を狙うことがほとんどです。今回は「学習法2の効果」が，とくに女性に強く表れているため，交互作用が起こっていると考えられます（交互作用の詳細は次項）。この交互作用に，研究の"面白さ"が表れることが多いので，**要因計画を用いる場合は，積極的に交互作用を狙って計画を組み立てるとよいでしょう。**

　では，今回の例題9の場合はどうなるでしょうか。ここでは**「介入法がXかYか」「実施前か実施後か」**という2つの要因を組み合わせた要因計画と考えられます。そして各群の平均値を求めてグラフに表すと図3のようになります。

　このとき，介入法Yの実施前から実施後の得点の上がり方よりも，介入法Xの得点の上がり方の方が大きいことがわかります。最終的には次項で紹介する2要因分散分析を行わないと統計的な有意差があるかは判断できませんが，どうや

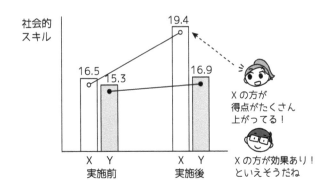

図3

2　正式には，4群の平均値に有意差があるかを分析した後の結論です。用いるのは分散分析ですが，今回のような場合はとくに2要因分散分析，あるいは2元配置の分散分析とよばれます（詳細は次項で紹介します）。

3　さらに女性の中でも，学習法2が有効な人とそうでない人がいるのではないか？　その2つを分ける要因は何か？　というように考えていくと，より議論が深まっていきます。

ら「介入法Xの方が，効果が大きい」ことがいえそうです[4]。

このように，要因計画は心理学の研究のさまざまな場面で用いられています。

MORE!!

図3の実施後だけを比較すればよいのでは？ と思った人もいるかもしれませんが，それでは介入法の効果を示せません。なぜならば，実施後だけでは「介入法Xによって社会的スキルが高くなった」のか「介入法Xを受けずとも，もとから社会的スキルが高かった」のか，判断できないからです。

このように，研究として「**増加**」や「**減少**」を扱いたい場合は，原則として**前後比較**が必要となります。前よりも後の得点が高いことで増加を，前よりも後の得点が低いことで減少を示すことができるからです。そのため，心理学的な介入の効果を検証する研究においては，介入後だけでなく，介入前のデータを集めておくことが望ましいといえます。

■ 要因と水準

ここからは，要因計画法で用いるいくつかの用語について概観します。

要因計画法における独立変数を**要因**といいます[5]。例題9では「介入法」「時期」が要因に相当します。

そして，要因内の違いのことを**水準**といいます。例題9では，介入法について「介入法X」「介入法Y」が，時期について「実施前」「実施後」が，それぞれ水準に相当します。まとめたものが図4になります。

要因→		時期	
	水準→	実施前	実施後
介入法	X	Xの実施前	Xの実施後
	Y	Yの実施前	Yの実施後

図4

---

4 時間経過の効果が，介入法XかYかで異なっているという点で，図3の状態も交互作用が得られたと考えられます。
5 正しくは，質的変数で表現される独立変数のことを要因とよびます。

■ 被験者間要因と被験者内要因

要因は，被験者間要因と被験者内要因に分けることができます。

被験者間要因とは，水準間で被験者が異なる要因です。例題9の場合，介入法Xの人と介入法Yの人は，それぞれ別の人物であるため，介入法が被験者間要因です（図5）。

それに対し**被験者内要因**は，要因内のすべての水準が同じ被験者である要因です。例題9の場合，同じ人物の実施前と実施後を比較しているため，時期は被験者内要因です（図6）。

また，被験者間要因と被験者内要因を組み合わせた要因計画を，**混合計画**といいます。例題9は混合計画です。さまざまな用語を適切に使いこなせるよう，整理して理解しておきましょう。

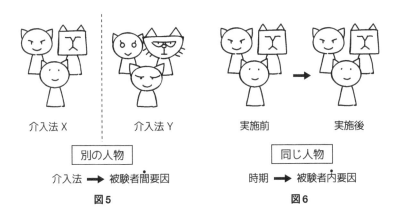

| 介入法 X | 介入法 Y | 実施前 | 実施後 |

別の人物

介入法 ➡ 被験者間要因

図5

同じ人物

時期 ➡ 被験者内要因

図6

例題9

要因計画法 まとめ

■ 2つ以上の要因を組み合わせる研究計画を要因計画とよぶ。

■ 水準間で被験者が異なる要因は，被験者間要因。水準間で被験者が同じ要因は，被験者内要因。

19 2要因分散分析

two-way ANOVA

About this word

　平均値の差が有意差であるかを検定する分散分析については，すでにp.110で学んでいます。ただしp.110の分散分析は，実は**1要因分散分析**とよばれているものです。今回の例題9のように，要因が2つある場合は**2要因分散分析**を行います[6]。2要因分散分析の特徴は，「**主効果**」や「**交互作用**」を検討することです。

端的にいえば，<u>1つの要因単独の効果</u>が**主効果**，<u>2つの要因を組み合わせた効果</u>が**交互作用**です。

　なお，説明に入る前に，例題9の平均値を図1のように整理しておきます。主効果の検討では，図1の<u>ア〜エ</u>の値を使用し，交互作用の検討では図1の<u>A〜D</u>の値を使用します。

平均値 （標準偏差は省略）		時期		全体
		実施前	実施後	
介入法	X	A 16.5	B 19.4	ウ 17.95
	Y	C 15.3	D 16.9	エ 16.10
全体		ア 15.90	イ 18.15	オ 17.025

これが介入法Xの平均

こっちが介入法Yの平均

こっちは介入法関係なく時期で平均したもの

こっちは実施後全体の平均

図1

■ 主効果の検討

　2要因分散分析では，まず**分散分析表**を作成します[7]。例題9のデータを統計ソフトに入力し分散分析表を作成すると，図2のようになります。さまざまな数字が並んでいますが，**初学者は一番右側のF値と，それが有意であるか否かを判断できれば十分**です。

---

6 2元配置の分散分析と呼ぶこともあります。意味は同じです。
7 分散分析表は統計ソフトで容易に算出可能です。手計算は煩雑なので，院試で求められることはまずありません。これまで同様，与えられたデータの解釈ができることの方が重要です。

分散分析表

変動因	平方和	自由度	平均平方	F値
時期	50.63	1	50.62	57.13***
介入法	34.23	1	34.23	38.62***
交互作用	4.23	1	4.23	4.77*
誤差	31.90	36	0.89	
全体	120.98			

*$p < .05$ **$p < .01$ ***$p < .001$

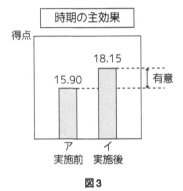

初心者はこの部分だけ読み取ればOK！

なにがなにやら…???

図2

図2より，時期のF値が 57.13 で，F値についている *** より，***$p < .001$ を参照し，0.1%（=.001）有意であることがわかります。これは，**時期の主効果がある**ことを示しています。つまり図3のように，時期だけに注目して平均値を比較した時に（図1におけるアとイで比較した時に），実施前よりも実施後の方が，有意に得点が高いことが統計的に示されたことになります。

時期の主効果

得点

15.90　18.15　有意

ア　　　　イ
実施前　実施後

図3

同様に，介入法の主効果（図1のウとエの比較）を検討します。すると図4のように，性差のF値も 0.1% 有意であるため，**介入法の主効果がある**こともわかりました。図1のウとエで比較した時に，介入法Yより介入法Xの方が，有意に得点が高いと統計的に示されたことになります。

変動因	平方和	自由度	平均平方	F値
時期	50.63	1	50.62	57.13***
介入法	34.23	1	34.23	38.62***
交互作用	4.23	1	4.23	4.77*
誤差	31.90	36	0.89	
全体	120.98			

*$p < .05$ **$p < .01$ ***$p < .001$

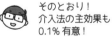

じゃあ、介入法の主効果をみるためには…これとこれとこれ？

そのとおり！介入法の主効果も0.1%有意！

図4

■ 交互作用の検討

さて，いよいよ2つの要因を組み合わせます。

交互作用とは，ある要因の効果がもう片方の要因によって異なることです。図5はいずれも，xからyにかけて，**アとイで異なった変化**が起こっています。そのため，交互作用があるといえます。

では，交互作用がない時とは，どのような時でしょうか？　図6を見ると，xからyにかけて**アとイは同じ変化**をしています。これが，交互作用がない時です。グラフの形で判断できるようにしておきましょう。

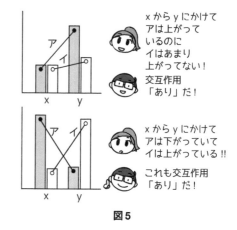

図5

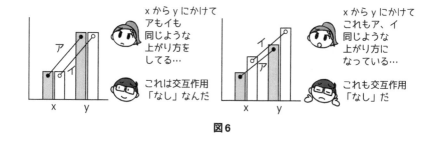

図6

改めて，今回の例題9ではどうでしょうか？　図7によると，分散分析表では，交互作用のF値が5%有意であることが示されています。

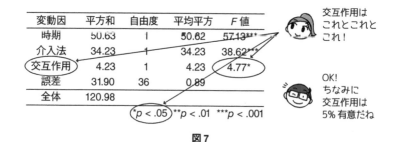

変動因	平方和	自由度	平均平方	F値
時期	50.63	1	50.62	57.13***
介入法	34.23	1	34.23	38.62***
交互作用	4.23	1	4.23	4.77*
誤差	31.90	36	0.89	
全体	120.98			

*p < .05 **p < .01 ***p < .001

図7

交互作用が認められたということは，図8のように，実施前から実施後への得点の変化が，介入法Xと介入法Yで異なることが，統計的に示されたといえます。

介入法Xがとくに有効である,
と結論づけることができるで
しょう[8]。

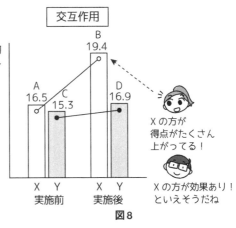

交互作用

B
19.4

社会的
スキル

A
16.5
C
15.3

D
16.9

X Y   X Y
実施前   実施後
図8

Xの方が
得点がたくさん
上がってる！

Xの方が効果あり！
といえそうだね

■ 単純主効果の検定

　交互作用が有意となった場
合, **単純主効果の検定**を行い
ます。単純主効果の検定は,
1要因分散分析における多重
比較のようなもので, 各平均
値について, どの部分が有意
差なのかを検定するものです。

　今回の例題9の場合, たとえば, 介入法Xのみで実施前と実施後を比較（図1
のAとBを比較）します。ここで有意差があれば, 「介入法Xにおける時期の単
純主効果あり」と表現します。検定の詳細は省略しますが, 今回の例題9につい
て単純主効果の検定結果をまとめると以下のようになります。

　　・介入法Xにおける時期の単純主効果あり（AとBに有意差）
　　・介入法Yにおける時期の単純主効果あり（CとDに有意差）
　　・実施前における介入法の単純主効果あり（AとCに有意差）
　　・実施後における介入法の単純主効果あり（BとDに有意差）

MORE!!

　実は上記の単純主効果の検定結果によって, 大きな問題が明るみに出たことに
気づいたでしょうか。それは「**実施前**における介入法の単純主効果が認められた」
ことです。なぜならば, 介入法の効果を確かめるためには, **介入前（AとC）に
差があることは望ましくない**からです。このあたりから, 本研究に参加した小学
生児童20名を, 無作為に2群に分けることができていたのか？ という問題提起
ができるとよいでしょう。

---

2 要因分散分析 まとめ

- ■ **主効果とは, 単独の要因のみの効果のこと。**
- ■ **交互作用とは, ある要因の効果が, もう片方の要因によって異なること。
グラフの形から判断可能。**
- ■ **交互作用が有意となった場合, 単純主効果の検定が必要。**

---

8 今回は2要因分散分析の説明のために, 統計ソフトを用いて分散分析表を算出し, 交互作用
が有意であることを示しました。しかし例題9ではそこまでの手計算は求められておらず,
平均値から交互作用が有意であることが予想できれば十分です。

例
題
9

確認問題 9

(1) 研究の結果，次のようなグラフが描かれたとして，交互作用があると考えられるものはどれか。あてはまる番号をすべて答えなさい。

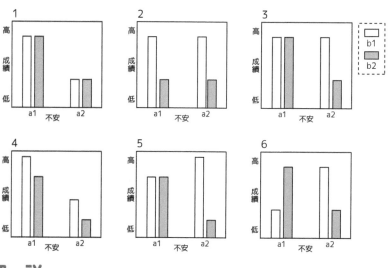

解　説

　a1 から a2 への変化を線で結ぶと，以下のようになる。この時，2 つの線が平行であれば，a1 から a2 への変化の仕方が b1 と b2 で変わらないため，交互作用なしと予想できる。逆に，平行でなければ，a1 から a2 への変化の仕方が b1 と b2 で異なるため，交互作用ありと予想できる。

　以上のことから，交互作用があると予想されるのは，線が平行ではない 3 と 5 と 6 と判断できる。

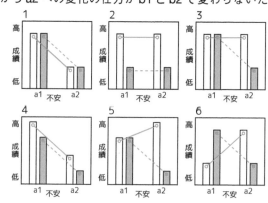

解　答

3, 5, 6

(2) 観察者の有無が作業に及ぼす影響をみる実験において，参加者を作業時に観察者がいる群といない群に分け，各群の参加者に単純課題条件と複雑課題条件の双方を課した。
この結果の分析方法として，最も適切なものを1つ選べ。

① 2要因混合分散分析
② 2要因被験者間分散分析
③ 2要因被験者内分散分析
④ 複数個の1要因被験者間分散分析
⑤ 複数個の対応のある平均値のt検定

(公認心理師試験)

解　説

問題文から「観察者がいるかいないか」「作業が単純か複雑か」という2つの要因を組み合わせて作業成績の違いを検討した実験と考えられる。今回の実験計画をまとめると以下のようになる。

		作業	
		単純	複雑
観察者の有無	あり	A	C
	なし	B	D

このとき「参加者を作業時に観察者がいる群といない群に分け」とあることから，「観察者の有無」は被験者間計画と考えられる。また「各群の参加者に単純課題条件と複雑課題条件の双方を課した」とあることから「作業」は被験者内計画と考えられる。以上のことから，本計画は被験者間計画と被験者内計画を組み合わせているため，混合計画と考えられる。

解　答

①

(3) 石けんの香りが机を清潔に保とうとする行動に影響を与えるかについて実験を行った。香りあり条件と香りなし条件を設けて，机の上の消しくずを掃除する程度を指標として検討した。その結果，全体的には香りあり条件と香りなし条件の差が検出されなかったが，尺度で測定された「きれい好き」得点が高い群は，全体として「きれい好き」得点が低い群よりもよく掃除をした。さらに，高い群では香りあり条件と香りなし条件の差が明瞭でなかったが，低い群では，香りあり条件が香りなし条件よりも掃除をする傾向が顕著に観察された。
　この実験の結果の理解として，正しいものを１つ選べ。

① 交互作用はみられなかった。

② 実験要因の主効果は有意であった。

③「きれい好き」要因の主効果は有意ではなかった。

④ 実験要因の主効果と交互作用が有意であった可能性が高い。

⑤「きれい好き」要因の主効果と交互作用が有意であった可能性が高い。

（公認心理師試験）

解　説

　今回の研究計画をまとめると以下のようになる。なお「石けんの香りが机を清潔に保とうとする行動に影響を与えるかについて実験を行った」とあり，香りによる影響を見ることが実験の主目的であるため，「香りの有無」が「実験要因」と判断できる。

		きれい好き		合計
		高い	低い	
香り （実験要因）	あり	A	C	ウ
	なし	B	D	エ
合計		ア	イ	オ

　その上で，問題文を読み解いてみよう。

・『全体的には香りあり条件と香りなし条件の差が検出されなかった』これは，ウとエに統計的有意差が認められず，香り（実験要因）の<u>主効果</u>が有意ではなかったと考えられる。

- 『「きれい好き」得点が高い群は，全体として「きれい好き」得点が低い群よりもよく掃除をした』これは，アとイに統計的有意差が認められ，「きれい好き」要因の主効果が有意であったと考えられる。

- 『高い群では香りあり条件と香りなし条件の差は明瞭でなかったが，低い群では，香りあり条件が香りなし条件よりも掃除をする傾向が顕著に観察された』これは，AとBには統計的有意差が認められなかったが，CとDには統計的有意差が認められ，交互作用が有意であったと考えられる。

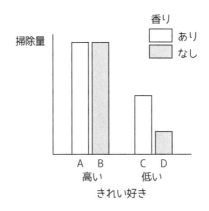

以上のことから，解答は⑤と考えられる。

解 答

例題9 解答・解説

解答例

問1

表　各群の得点の平均値・標準偏差

		時期	
		実施前	実施後
介入法	X	16.5	19.4
	Y	15.3	16.9

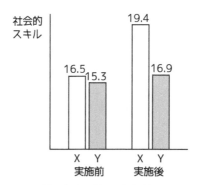

図　各群の得点の平均値

問2
①　交互作用　　②　単純主効果　　③　2要因分散分析

解　説

　　例題3と例題9は同じデータだがあえて異なる問題を設定した。例題3の解答例では，データを直接記述する記述統計法の視点で示した。例題9の解答例では，問2の内容を踏まえ要因計画法の視点で示した。ぜひ2つの解答例を見比べてみよう。なお主効果と交互作用について，本問では，厳密な分析をせずとも結果から予測できれば十分と思われる。

例題10 因子分析

【問】高校生200名に，家での様子に関する以下の7つの質問項目について，1（あてはまらない）～5（あてはまる）の5件法で答えてもらい，その結果を集計した。以下の表は，因子数を2として因子分析を行い，バリマックス回転を施した後の因子負荷量行列である。

質問項目
① リビングのテレビがつけっぱなしであることが多い。
② 家族全員で一緒に食事をとることが少ない。
③ 父親（母親）の帰宅が遅い時間になることが多い。
④ 家族それぞれが自分の部屋で過ごすことが多い。
⑤ 親が一方的・支配的で，怒られてしまうことが多い。
⑥ 親に，学校で起こった出来事を話すことが少ない。
⑦ 親同士の夫婦ゲンカが多い。

表　因子負荷量行列

	I	II
①	.76	.05
②	.99	.01
③	.80	.02
④	.87	.03
⑤	.02	.92
⑥	.04	.84
⑦	.03	.77

(1) 表の因子負荷量行列と質問項目から，第I因子と第II因子に適した因子名を自分で考え，理由とともに述べなさい。

(2) 表の因子負荷量行列は，バリマックス回転を施した後の因子負荷量行列である。因子回転の方法には，他にプロマックス回転が挙げられる。この2つの回転法の違いについて説明しなさい。

例題10の攻略ポイント

・因子分析および因子軸の回転に関する理解を問う出題。
・因子分析は，心理統計で多く使われる分析の1つ。まず，分析の目的と解釈の注意点を中心に理解を進めよう。

▶ 用語解説は次ページから　▶ 解答例はp.146

20 因子分析

学習のポイント
☐ **心理統計の山場。目的とイメージをしっかりつかもう。**
☐ **院試では用語論述としての出題が多い。各用語を述べられるように。**

About this word

　因子分析は，心理学の論文でも数多く目にする分析の 1 つです。まずはイメージをつかみ，その後で実施・解釈における注意点を述べます。

■ 因子分析の目的

　<u>測定された変数の背後に存在する潜在的な変数</u>を**因子**といいます。因子を理解するため，例題 10 の質問項目をもう一度確認してみましょう。

質問項目

①テレビつけっぱなし　③親の帰宅が遅い　⑤親によく怒られる　⑦夫婦ゲンカが多い

②一緒の食事が少ない　④それぞれ自分の部屋　⑥親に話さない

どれも大変…

図 1

　ここで①〜④の内容に注目します。家族で会話をする時間をつくろうとすれば，テレビを切ったり，家族で一緒に食事をとったり，親が早く帰宅したり，自分の部屋だけでなく家族でリビングに集まって過ごしたりするはずです。つまり，①

～④の背景には**「家族がコミュニケーションをとる時間をつくろうとしていない」**ことが原因として想定されます。

また，⑤～⑦の内容に注目すると，親から子への信頼，子から親への信頼，そして夫婦間の信頼と，家族の信頼関係がうまく形成されていないように思われます。つまり，⑤～⑦の背景には**「家族間の信頼関係が成立していない」**ことが原因として想定されます。

予想される因子①
家族がコミュニケーションをとる時間をつくろうとしていない
だから、こうなるのでは？
①テレビつけっぱなし
③親の帰宅が遅い
②一緒の食事少ない
チン してね
④それぞれ自分の部屋
予想される因子②
家族間の信頼関係が成立していない
だから、こうなるのでは？
⑤親によく怒られる
⑦夫婦ゲンカが多い
⑥親に話さない
7つの質問項目は
2つの因子にまとめられそうだね！
因子分析→圧縮・整理に用いられる！

図2

図2のように，①から⑦の背景には「家族がコミュニケーションをとる時間をつくろうとしていないこと」「家族間の信頼関係が成立していないこと」の2つの原因が予想されます。この2つが因子です。**因子分析**は，こういった複数の測定変数の背後に存在する因子を発見することが目的です。

また，①～⑦の内容を「家族がコミュニケーションをとる時間をつくろうとしていないこと」「家族間の信頼関係が成立していないこと」という2つの因子にまとめることができた，と考えることができます。このように，因子分析は複数の変数の圧縮・整理に用いられることが多いです。

■ 因子負荷量と因子の命名

例題 10 では、**因子負荷量**という値が算出されています[1]。この算出された因子負荷量を解釈してみましょう。

因子負荷量は、因子が測定変数に影響を与えている程度を表す値です。因子負荷量は**−1 〜 ＋1** で表され、**±1 に近いほど影響が強くなります[2]**。よって

表 因子負荷量行列

	Ⅰ	Ⅱ
①	.76	.05
②	.99	.01
③	.80	.02
④	.87	.03
⑤	.02	.92
⑥	.04	.84
⑦	.03	.77

第Ⅰ因子は①〜④の値が大きい！

因子負荷量からも①〜④と⑤〜⑦に分かれることが示されたね

表から、第Ⅰ因子は①〜④には強く影響を与えていますが、⑤〜⑦にはほとんど影響を与えていないことがわかります。同様に、第Ⅱ因子は①〜④にはほとんど影響を与えていませんが、⑤〜⑦に強く影響を与えていることがわかります。図示すると、以下の図3になります。

先ほど、例題 10 の質問項目は①〜④と⑤〜⑦の2つに圧縮・整理できるのではないかと予想しましたが、それが統計的に示された形になります。

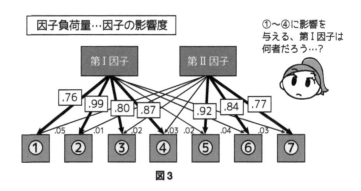

図3

因子分析では、因子負荷量の算出を終えたあと、各因子の命名に移ります。たとえば例題 10 における第Ⅰ因子は、家族が会話する機会を設けようとしていないことが背景にあると考えられるため**「家族会話意識の欠如」**と命名します。同様に、第Ⅱ因子は、家族間の信頼関係が欠けていることが背景にあると考えられるため**「家族間信頼関係の欠如」**と命名します。

つまり、①〜⑦の背景には「家族会話意識の欠如」と「家族間信頼関係の欠如」の2つの因子が潜んでいることがわかりました。これで因子分析は終了です。

---

1 図3は「回転後」の因子負荷量です。回転とは何かは、次項で詳しく説明します。
2 因子負荷量は、各因子との相関係数（のようなもの）と考えると理解しやすいでしょう。

因子分析は，この**因子の命名・解釈が一番面白いところであり，一番難しいところでもあり，研究者の腕の見せどころ**でもあります。比較的わかりやすい例ならともかく，信じられないような組み合わせで因子が発見されることもあり，その時は非常に頭を悩ませます。しかしどんな場合であっても，「なぜそのような因子名をつけたのか」「なぜそのような意味に解釈したのか」といった理論武装を可能な限りしておくことで，説得力のある理論が展開できます。

■ 因子分析の注意点

因子分析における注意点を紹介していきます。

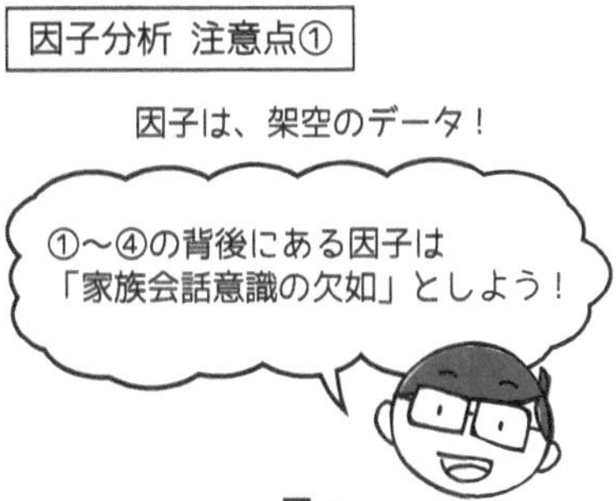

① 因子は，実在しない架空のデータ

測定された変数は"実在するデータ"ですが，因子分析で発見・命名された**因子は"実在しない架空のデータ"**です。

例題10では先ほど，①〜⑦の内容の因子分析から，第Ⅰ因子を「家族会話意識の欠如」，第Ⅱ因子を「家族間信頼関係の欠如」と命名しましたが，これは①〜⑦から推測される"架空のデータ"にすぎません。

また"命名"したことからもわかるように，第Ⅰ因子が必ず「家族会話意識の欠如」を表す！　という保証もありません。あくまで，**因子の名称は測定変数の内容や理論的背景と分析者の主観（感覚）に基づくもの**であることに注意してください。

② 因子数の決定

実は，因子分析はあらかじめ因子の個数が何個になるか，分析"前"に仮定しておく必要があります。そこで，因子分析では「もし

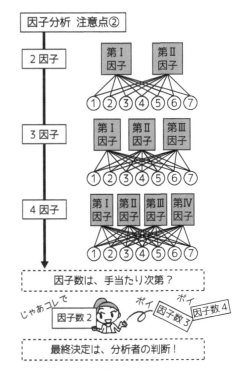

因子分析 注意点①

因子は、架空のデータ！

①〜④の背後にある因子は
「家族会話意識の欠如」としよう！

図4

因子分析 注意点②

2因子

3因子

4因子

因子数は、手当たり次第？

じゃあコレで　因子数2　ポイ　因子数3　ポイ　因子数4

最終決定は、分析者の判断！

図5

例題10

139

因子数が2個なら」「もし因子数が3個なら」「もし因子数が4個なら」と，さまざまな因子数を仮定して，分析を行います。同じデータについて，因子数を2個，3個…とさまざまな数で因子分析した結果，どの因子数でも納得のいく結果が表れた場合，最終的な結果をどの因子数にするかは，**分析者の判断**です（図5）。

　よって，考えなしに因子分析を行ってしまうと，因子数をいくつにしたらいいのかわからず，混乱してしまいます。そのため，先行研究と理論的背景に基づいた仮説をしっかりもち，その仮説に基づいた視点をもちつつ，それを修正しながら分析を進めていく必要があるのです。

　ちなみに，因子分析には**探索的因子分析**と**検証的因子分析**の2種類があります。一般的に因子分析といわれた場合，探索的因子分析のことを指し，ここまで紹介してきた因子分析も探索的因子分析です。対して検証的因子分析とは，**事前の知見から考えられる因子構造（因子数や因子負荷量）を検証的に確認する因子分析**です。

> ## MORE!!
>
> 　因子数を，固有値という値を用いて決定することもあります。固有値が1以上の因子に注目し，さらに固有値の推移を図にしたもの（スクリープロット）において，急激に数値が減る前までの因子数を採用する，という考え方をとります。また，2因子ならば2因子までの累積寄与率を，3因子ならば3因子までの累積寄与率をそれぞれ求め，それがある一定以上の値（約50%前後）を示すかどうかを確かめる，というのも1つの判断基準です。しかしこれらの判断基準は目安にすぎず，最終的には，やはり分析者の判断が求められることがほとんどです。

③ 測定変数の選択

　因子分析では，**どのような測定変数を用いるか**が重要となります。たとえば図6のように，睡眠時間とCDの所持枚数と視力の良さ，という3つの変数を「なんとなく」因子分析したとしても，背後にある因子を想定することも命名することも困難でしょう。具材を何でも鍋に放り込めば，勝手に料理ができあがるわけではありません。

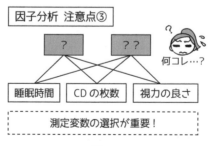

図6

因子分析は，分析者の理論や考えが強く反映される分析であり，それだけ分析者への責任が強く問われるともいえるでしょう。

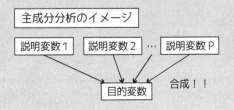

MORE!!

　因子分析と類似した分析に，主成分分析があります。**複数の変数を1つの主成分に合成することを目的**とします。複数の因子を想定する因子分析とは，1つの主成分への合成を目指す点で異なります。

主成分分析のイメージ

説明変数1　説明変数2　…　説明変数 P

目的変数　　合成！！

■ 因子分析の背景

　最後に，因子分析が心理学において頻繁に使用されることになった背景を紹介します。オールポートという人物は，人間を複数の性格特性の集合体と考えました（**性格特性論**）。そして，その性格特性を研究するために辞書から性格に関する言葉を抽出したのですが，性格語は約18000もあり，あまりにも膨大すぎる量でした。

　その後，キャッテルという人物が現れます。彼が，膨大な数の性格語を分類・整理するために用いた統計手法こそが，因子分析だったのです。キャッテルは因子分析を用い，膨大な数の性格語を16の特性に絞り込むことに成功しました。以降，とくに心理測定の分野を中心に，因子分析が多く用いられるようになったといわれています。

因子分析 まとめ

■ **因子分析とは，複数の測定変数の背後に存在する因子を発見することを目的とした分析。**

■ **因子分析は，複数の変数の圧縮・整理に用いられることが多い。**

■ **因子負荷量は，因子が測定変数に影響を与えている程度を表す値。**

■ **因子の命名，因子数の決定，測定変数の選定は，分析者が自ら行う。そこに，分析者の理論や仮説が大きく反映される。**

21 因子軸の回転

factor rotation

学習のポイント

☐ **因子軸を回転させる意図とイメージをしっかりつかもう。**
☐ **直交回転と斜交回転を，区別できるようになろう。**

About this word

例題 10 で示されている因子負荷量は，問題文中に「バリマックス回転を施した」とあるように「回転後」の因子負荷量です。では「回転前」の因子負荷量とは，どのような状態だったのでしょうか[3]。

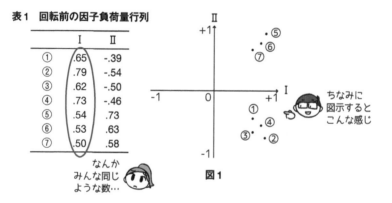

表1　回転前の因子負荷量行列

	I	II
①	.65	-.39
②	.79	-.54
③	.62	-.50
④	.73	-.46
⑤	.54	.73
⑥	.53	.63
⑦	.50	.58

なんかみんな同じような数…

図1

第Ⅰ因子の因子負荷量が似たような値ばかりで，きれいに第Ⅰ因子と第Ⅱ因子に分かれていません。

そこで登場するのが「回転」です。回転とは**グラフの軸を文字通り回転させ，各因子を解釈しやすい状態にすること**です。図1のグラフのデータの集まっている場所に注目して軸を回転させたものが，図2のグラフです。回転させることにより，Ⅰに①〜④が，Ⅱに⑤〜⑦が集まっていることがわかります。

---

3 因子負荷量の算出には，主因子法，最尤法（さいゆうほう）などさまざまな方法があります。かなり高度な理解を要するため，本書では省略します。ここでは，主因子法を用いたものとします。

回転させることにより，因子負荷量が変化します。この回転後の因子負荷量が，例題10で示されている因子負荷量です。図3からも，回転前よりはっきりⅠとⅡに分かれていることがわかります。このことを「<u>単純構造</u>に近くなる」と表現します。

因子軸の回転は「なぜこのような作業をするのか？」と，意図をつかみづらい内容ですが，行う意図は極めてシンプル

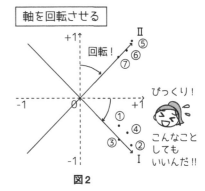

図2

で，表1の状態ではⅠとⅡにはっきり分かれていないから，表2のようにⅠとⅡにハッキリ分けたい！ 単純な構造を目指したい！ というものです。**単純に「わかりやすくしたい」だけ**なのです。

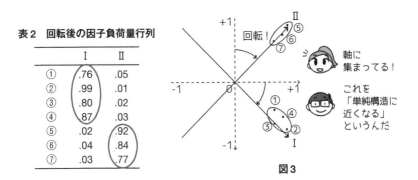

表2　回転後の因子負荷量行列

	Ⅰ	Ⅱ
①	.76	.05
②	.99	.01
③	.80	.02
④	.87	.03
⑤	.02	.92
⑥	.04	.84
⑦	.03	.77

図3

ちなみに，今行った回転は「直交回転」とよばれるものですが，他に「斜交回転」とよばれる回転もあります。さらに，直交回転・斜交回転それぞれに，さまざまな種類の方法があります。最も有名な方法は，直交回転の<u>バリマックス法</u>です（斜交回転で最も有名なものは<u>プロマックス法</u>です）。

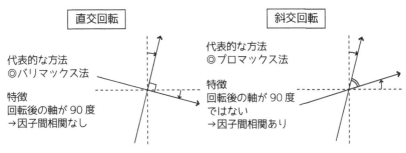

図4

たとえば以下の図5のように因子負荷量が算出された場合は，直交回転よりも斜交回転の方が，単純構造に近づきやすくなります。ただし，斜交回転で得られた因子は，因子間相関をもつという特徴があり[4]，各因子が独立していることを前提とする場合[5]は，注意が必要です。

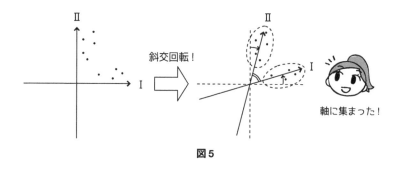

斜交回転！

軸に集まった！

図5

MORE!!

実際の心理学研究の現場では，算出された因子負荷量をもとに測定変数を取捨選択し，その後もう一度因子分析を行うということが行われます。因子負荷量の基準を決め（大体は .30 から .50 ぐらい），どの因子に対する因子負荷量も基準に満たない測定変数や，複数の因子で基準を満たしている測定変数は，因子間の区別を明確にするために必要ない項目と判断し，それらの項目を除外して再度因子分析を行います。

MORE!!

因子が3つ以上ある場合は，第Ⅰ因子と第Ⅱ因子だけで回転，第Ⅰ因子と第Ⅲ因子だけで回転，第Ⅱ因子と第Ⅲ因子だけで回転，といったように2軸ごとに回転させていきます。

因子軸の回転 まとめ

- ■ 因子軸の回転とは，単純構造に近づけるために軸を回転させること。
- ■ 回転方法は，大きく分けて直交回転と斜交回転がある。直交回転は因子間相関がなく，斜交回転は因子間相関を認めている。

---

4 斜交回転の場合，なぜ因子間相関が生じるかは p.146「例題 10 解答・解説」を参照。
5 代表的な場合として，重回帰分析が挙げられます。詳細は p.152「23 重回帰分析」で。

確認問題 10

(1) 次の用語を, 簡潔に説明しなさい。

① 因子分析　　② 斜交回転

(2) 因子分析に関する以下の①〜④の記述について, 正しい文には○を, 誤った文には×を書きなさい。

① 因子分析における, 斜交回転の代表的な方法にバリマックス法がある。

② 因子分析における軸の回転で, 因子間相関が0であることを仮定するのは, 直交回転である。

③ 因子負荷量は, 測定変数が因子に与える影響の強さを表す。

④ 因子分析において, 因子数はいくつでもかまわない。

解 説

(2) ① バリマックス法は直交回転であるため, 誤りである。

② 直交回転は因子間相関がないことを想定している。そのため, 正しい。

③ 因子負荷量は, 因子が測定変数に与える影響を表している（逆になっている）。そのため, 誤りである。

④ 因子分析における因子数は, 数学的な処理の関係上, 測定変数の個数までが限度となる。よって測定変数の個数以上の因子数を設定することはできず, 誤りとなる。

解 答

(1) ① 因子分析とは, 複数の測定変数の背後に存在する因子を発見することを目的とした分析で, 変数の圧縮・整理に用いられる。

② 斜交回転とは, 因子間相関を認める形で因子負荷量を単純構造に近づける, 因子軸の回転法の1つである。

(2) ① × ② ○ ③ × ④ ×

例題10　解答・解説

解答例

(1) 第Ⅰ因子に対して高い因子負荷量をもつ質問項目は①～④である。これらの質問項目は，テレビをつけている，食事を一緒にとらないなど，家族が会話する機会を設けようとしていないことが共通点として挙げられる。よって，第Ⅰ因子を「家族会話意識の欠如」と命名する。

　第Ⅱ因子に対して高い因子負荷量をもつ質問項目は⑤～⑦である。これらの質問項目は，家族間の信頼関係が欠けていることが共通点として挙げられる。よって，第Ⅱ因子を「家族間信頼関係の欠如」と命名する。

(2) バリマックス回転は，直交回転の代表的な手法である。直交回転では，因子を単純構造に近づけるために因子軸を回転させる際，因子軸を直角に保ったまま回転させる。そのため，因子間相関はない。

　対するプロマックス回転は，斜交回転の代表的な手法である。斜交回転では，因子軸を回転させる際，因子軸の角度を直角に限定しない。そのため，因子間相関が生じる。

　以上のように2つの回転法の主な違いとして，因子軸の直角を保つか否か，因子間相関が生じるか否か，という2点が挙げられる。一般的に，因子軸の角度を限定しない斜交回転の方が因子が単純構造に近づきやすくなる。しかし因子間相関が生じるため，各因子の独立性が重要となる場合は望ましい回転法ではない。研究内容や目的に応じて2つの回転法を使い分けることが重要となる。

解　説

　(2)について，直交回転と斜交回転の主な違いは，因子間相関が生じるか否かである。なぜ斜交回転だと因子間相関が生じるのかを右図に簡単に説明したので，参考にしてほしい。

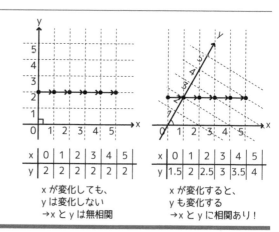

x	0	1	2	3	4	5
y	2	2	2	2	2	2

x が変化しても、
y は変化しない
→x と y は無相関

x	0	1	2	3	4	5
y	1.5	2	2.5	3	3.5	4

x が変化すると、
y も変化する
→x と y に相関あり!

回帰分析

高校生350名の，自尊心，統制感，積極性，絶望感，自己効力感をそれぞれ測定した。これら測定値のうち，自尊心，統制感，積極性，絶望感を独立変数として，従属変数である自己効力感の予測を行うことになった。なお，それぞれの得点の平均値と標準偏差，最小値と最大値は以下の通りである。

	平均値	標準偏差	最小値	最大値
自尊心	45.1	12.8	14	79
統制感	26.3	7.2	10	49
積極性	12.4	3.5	3	21
絶望感	23.1	8.1	7	49
自己効力感	48.8	12.1	19	86

上記のデータについて，最小自乗法を用いて偏回帰係数を決定した結果，自己効力感に関する重回帰式は以下のようになった。

$$y = 19.05 + 0.39\,x_1 + 0.17\,x_2 + 1.30\,x_3 - 0.13\,x_4$$
（y＝自己効力感　x_1＝自尊心　x_2＝統制感　x_3＝積極性　x_4＝絶望感）

だが，上記の重回帰式から，今回の独立変数のうち従属変数である自己効力感に最も影響するのは「積極性」であると結論づけるのは早計である。以下の問いに答えなさい。

（1）なぜ早計と考えられるのか。その理由を説明しなさい。
（2）今回の独立変数のうち，従属変数である自己効力感に最も影響を与える変数を明らかにするためには，何をする必要があるか説明しなさい。

例題11の攻略ポイント

・回帰分析および重回帰分析は，いわゆる方程式的な考え方をする分析。中学校での数学の知識をうまく活用して理解していこう。

▶ 用語解説は次ページから　▶ 解答例は p.160

22 回帰分析

regression analysis

学習のポイント

- □ 重回帰分析の理解につながるキーワード多数。
- □ 若干数式が多いが，多くは中1範囲。がんばって理解したい！

About this word

回帰分析（単回帰分析）とは，1つの独立変数の値から1つの従属変数の値を予測する際に用いられる**分析手法です（図1）。**

中学生の頃に，1次関数を学習したと思います。$y=ax+b$ で，a が傾き，b が切片とよばれるものです。そして x の値が決まると，y の値も自動的に決定される…つまり，x の値さえわかれば y の値が予測できます。単回帰分析はこの1次関数とまったく同じしくみです。

たとえば気温を x 度，ジュースの売れ行きを y 本とした時，仮に $y=2x+50$ と示されたとします。すると，図2のように，**さまざまな気温に対してジュースが何本売れるか，予測できる**のです。

この $y=2x+50$ のような式のことを，**回帰式**といいます。回帰分析は回帰式を求めることで，独立変数による従属変数の予測を可能にすることが目的です[1]。

なお，図3のように，回帰式における

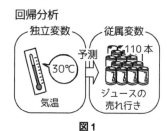

回帰分析

独立変数 → 従属変数

予測 30℃

気温 → ジュースの売れ行き 110本

図1

たとえば、気温 x℃、売れ行き y 本で
$y=2x+50$ なら…?

30℃のときは…
$y=2×30+50$
$=110$ 本

20℃のときは…
$y=2×20+50$
$=90$ 本

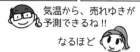

気温から、売れゆきが予測できるね!!

なるほど

図2

回帰式

従属変数 独立変数

$$y=ax+b$$

回帰係数 切片

この2つを求める!

図3

---

1 回帰式では $y=b+ax$ と，切片を前に表すことも多いですが，本書ではわかりやすさを優先して $y=ax+b$ と表現します。

a の値を**回帰係数**といいます。$y=2x+50$ における回帰係数は <u>2</u> です。

■ 回帰式の作り方

まずは図4のように，気温30度の時の売れ行きが110本，気温20度の時の売れ行きが90本であるときの，回帰式を求めてみたいと思います。

気温を x，売れ行きを y として，$y=ax+b$ に代入し方程式を解くと，a と b の値をそれぞれ求めることができます。これで $y=2x+50$ という回帰式の完成です。

では次に図5のように，新たに「気温35度の時の売れ行きが130本」というデータが加わったとしたらどうでしょうか。

先ほどの $y=2x+50$ という回帰式に $x=35$ を代入すると，予測値 y が $2\times35+50=120$ となり，実測値である130との誤差が生じてしまいます[2]。この誤差のことを**残差**といいます。

データが多くなると，**残差のない回帰式を作成することは，事実上不可能**になります。実際に図5のように，さまざまな回帰式を作成しても，必ずア～ウのどれかで残差が生じてしまいます。

そこで発想を変えて，残差（＝予測値と実測値の誤差）が生じるものとして，**残差が最も小さくなるように a と b を算出する**ことを考えます。そのための方法が**最小二乗法（最小自乗法）**です。図6のように，最小二乗法によって導き出された回帰式 $y=2.6x+37.1$ は，残差が最も小さくなるように回帰係数と切片が設

CASE①

	気温 x	売れゆき y
ア	30℃	110本
イ	20℃	90本

から $y=ax+b$ を求める!!

中1の1次関数だね

アとイを $y=ax+b$ に代入

$$\begin{cases} 110=30a+b\cdots ア \\ 90=20a+b\cdots イ \end{cases}$$

あとは、この方程式を解くと…?

$a=2, b=50$ となる

OK!

回帰式、完成! $\boxed{y=2x+50}$

図4

CASE②

	気温 x	売れゆき y
ア	30℃	110本
イ	20℃	90本
ウ	35℃	130本

から $y=ax+b$ を求める!!

でも…

アとイ だと…?	イとウ だと…?	アとウ だと…?
$y=2x+50$	$y=\dfrac{8}{3}x+\dfrac{110}{3}$	$y=4x-10$

どうすればいいの?

図5

そこで $\boxed{最小二乗法}$ を使うと…!

$y=2.6x+37.1$ となる

予測値　　実測値 y

ア…$2.6\times30+37.1=115.1$ ↔ 110
イ…$2.6\times20+37.1=\ 89.1$ ↔ 　90
ウ…$2.6\times35+37.1=127.1$ ↔ 130

このズレが最小となるよう回帰係数（2.6）と切片（37.1）が設定されている!

最小二乗法ってすごい!

図6

例題11

---

2 今後，予測値と実測値という言葉がたくさん出てきます。混乱してきたら，以下のようにとらえてください。**予測値**…$y=ax+b$ に x を代入・計算したことにより求められた y の値。**実測値**…$y=ax+b$ の計算ではなく，すでにデータとして示されている y の値。

定されています[3]。これでさまざまなデータについて，精度の高い予測が可能となります。

■ 回帰係数と独立変数の影響力

$y=5x+20$ の場合，x が1変化するごとに y は5ずつ変化していきますが，$y=0.5x+20$ の場合，x が1変化しても y は0.5しか変化しません（図7）。つまり回帰係数5の方が，回帰係数0.5の時よりも，x の影響が大きいことがわかります。このように回帰係数の値は，<u>独立変数（x）が従属変数（y）に与える影響力の大きさ</u>を表します[4]。

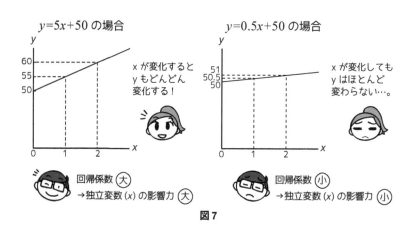

図7

■「回帰」という名前

最後になぜ「回帰式」とよぶのか，紹介したいと思います。

平均への回帰[5]とよばれる現象があります。たとえば，2つのサイコロを振って出目の和を考えてみましょう。この時，出目の和は最低が2で最高が12，平均値は7です。ここで5-6の合計11が出た場合，もう一度サイコロを振って，さらに高い値である6-6の合計12が出る確率よりは，合計10以下が出る確率の方が圧倒的に高いことでしょう。同様に，1-2の合計3が出た場合，もう一度サイコロを振って，さらに低い値である1-1の合計2が出る確率よりは，合計4以上になる確率の方が圧倒的に高いことでしょう。このように，平均値より離れた値が計測された場合，次に計測される値は，より平均値に近い値となりやすいことを，平均への回帰といいます（図8）。

---

3 最小二乗法による，回帰係数と切片の具体的な算出方法は省略します。
4 回帰係数が負の値を示すこともあるので，正確には絶対値を考えます。回帰係数の絶対値が大きいと影響力が強く，絶対値が小さいと影響力が弱いことになります。また，他の回帰式と比較する場合は，標準化が必要です。
5 「平均への回帰」現象は，ゴールトンという研究者が残した業績の1つです。

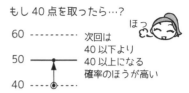

「平均への回帰」とは…?

今までの平均が 50 点のときに…?

もし 60 点を取ったら…?

60 ……●…… 次回は
平均 50 ●━━━━━━ 60 以上より
40 ……………… 60 以下になる
確率のほうが高い

もし 40 点を取ったら…?

60 ……●……
50 ●━━━━━━ 次回は
40 ……………… 40 以下より
40 以上になる
確率のほうが高い

どちらにせよ
平均値に向けて「回帰」しているね

図 8

次に，図 6 で求めた $y=2.6x+37.1$ という回帰式を考えます。$x=30$ の時，回帰式に代入して得られた予測値 115.1 に対して，実測値は 110 です。同様に $x=20$，$x=35$ の時の予測値を求め，実測値とともにグラフに表したものが図 9 です。このとき**「実測値が $y=2.6x+37.1$ という直線（回帰直線）に，回帰している」**と考えられます。これが回帰という名前の由来です。

「回帰分析」では…?

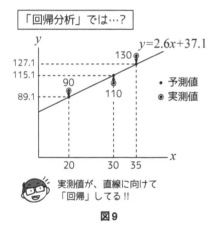

実測値が，直線に向けて
「回帰」してる!!

図 9

> ### MORE!!
>
> 本項では話題をわかりやすくするために，回帰式を $y=ax+b$ という直線関係に限定しましたが，回帰式は $y=a/x+b$ などの曲線関係も可能です。

例題 11

回帰分析 まとめ

■ 回帰分析は，回帰式による従属変数の予測を目的とした分析。

■ 回帰係数と切片は，最小二乗法によって求められる。

■ 回帰係数は，独立変数が従属変数に与える影響力の大きさを表す。

23 重回帰分析

multiple regression analysis

学習のポイント

☐ 回帰分析（前項）で学んだ知識を，結びつけて考えよう。

☐ 重回帰分析の問題といえば，まず「多重共線性」を意識できるように。

About this word

回帰分析は1つの独立変数から1つの従属変数を予測しました。これに対し，**重回帰分析**は図1のように，2つ以上の独立変数から1つの従属変数を予測します。独立変数の数は増えますが，基本的な考え方は回帰分析と同じです。

回帰式は図2のようになります。なお，独立変数が複数になった時の回帰式のことを**重回帰式**といい，各独立変数に対応した回帰係数を**偏回帰係数**とよびます。

実際にデータをもとに重回帰式を作ってみた例が図3になります。なお，今回は，連立方程式で重回帰式を作ることができましたが，データが多い時は回帰分析同様，最小二乗法を利用して，予測値と実測値の差（残差）が最小となるよう偏回帰係数を求めます。

重回帰式を作ることができれば，図4のように，さまざまな気温や湿度を代入して，ジュースの売れ行きを予測することが可能となります。

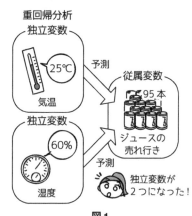

図1

独立変数	回帰式（重回帰式）

1つの場合…$y=ax+b$

2つの場合…$y=a_1x_1+a_2x_2+b$

3つの場合…$y=a_1x_1+a_2x_2+a_3x_3+b$
      ⋮

p個の場合…$y=a_1x_1+a_2x_2+\cdots+a_px_p+b$

独立変数が増えた分式も長くなってる！

$a_1, a_2, a_3, \cdots a_p$ ⇨ 偏回帰係数

図2

	気温 x_1	湿度 x_2	売れゆき y
ア	25℃	60%	95 本
イ	20℃	50%	85 本
ウ	35℃	70%	120 本

から $y=a_1x_1+a_2x_2+b$ を求める！

⇩ ア～ウを代入

$$95=25a_1+60a_2+b\cdots ア$$
$$85=20a_1+50a_2+b\cdots イ$$
$$120=35a_1+70a_2+b\cdots ウ$$

あとは、この連立方程式を解くと…？

$$a_1=3,\ a_2=-0.5,\ b=50$$

重回帰式、完成！ よし！

$$y=3x_1-0.5x_2+50$$

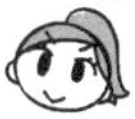

図3

重回帰式がわかれば？

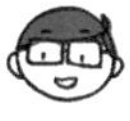

$$y=3x_1-0.5x_2+50$$

$\begin{cases} 気温\,(x_1)\ 40℃ \\ 湿度\,(x_2)\ 10\% \end{cases}$ の時の売れゆきは？

$$y=3\times40-0.5\times10+50$$ お～！
$$=120-5+50$$
$$=165$$

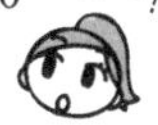

→165 本と予測できる！

図4

■ 標準偏回帰係数と影響力の比較

重回帰分析は，複数の独立変数から従属変数を予測することが目的ですが，心理統計では，<u>各独立変数が従属変数に与える影響力を比較する</u>目的で使われることも多いです。ではいよいよ例題11を使って，影響力の比較について理解を深めましょう。

高校生 350 名の，自尊心，統制感，積極性，絶望感，自己効力感をそれぞれ測定した。これら測定値のうち，自尊心，統制感，積極性，絶望感を独立変数として，自己効力感を従属変数として，重回帰分析を行った。なお，それぞれの得点の平均値と標準偏差，最小値と最大値は右表の通りである。

	平均値	標準偏差	最小値	最大値
自尊心	45.1	12.8	14	79
統制感	26.3	7.2	10	49
積極性	12.4	3.5	3	21
絶望感	23.1	8.1	7	49
自己効力感	48.8	12.1	19	86

例題11

このデータについて，最小二乗法を用いて実測値と予測値との誤差が最も小さくなるように偏回帰係数を求めた結果，以下のようになりました。

$y=0.39x_1+0.17x_2+1.30x_3-0.13x_4+19.05$
（$y=$自己効力感，$x_1=$自尊心，$x_2=$統制感，$x_3=$積極性，$x_4=$絶望感）

偏回帰係数が最も大きいのは，積極性の1.30です。ならば，**積極性が最も自己効力感に影響を与える独立変数なのでしょうか。**しかし，積極性の平均値は12.4と，他と比べて極めて低いです。平均値や標準偏差が異なる（標準化されていない）状態での比較は，適切ではありません[6]。

そこで，偏回帰係数の比較を行うために，あらかじめ測定値を標準化してから重回帰式を求めます。標準化された測定値で算出された偏回帰係数を，**標準偏回帰係数**といいます。例題11の元データについて標準化を行い，標準偏回帰係数を用いた重回帰式が以下のものになります。

$$y = 0.41x_1 + 0.11x_2 + 0.38x_3 - 0.09x_4$$
（y＝自己効力感，x_1＝自尊心，x_2＝統制感，x_3＝積極性，x_4＝絶望感）

標準偏回帰係数なら比較が可能です。よって，最も自己効力感に影響力をもつのは「自尊心」で，その次は「積極性」とわかります。標準偏回帰係数は，図5のようなパス図で示すことが多く，これにより影響力をわかりやすく図示することが可能です[7]。

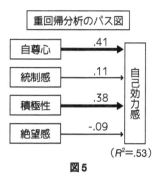

図5

MORE!!

予測値と実測値の相関係数を重相関係数（R）といいます。重回帰式によって実測値を完全に予測できた場合，$R=1$となります。また重相関係数の2乗を重決定係数（R^2）といいます。たとえば図5の例の場合，重決定係数は.53と算出されます。これは，自己効力感の変動（個人差）の約53％を，自尊心，統制感，積極性，絶望感で説明できることを示します（p.77の決定係数と同じです）。

■ 重回帰分析の注意点
重回帰分析における注意点を紹介していきます。

① 因果関係の想定
実は回帰分析も重回帰分析も，独立変数が「原因」で従属変数が「結果」である

---

6 標準化については p.64「09 標準化と偏差値」参照。
7 因子分析などの考え方も交えて，より詳細なパス図を作成し，各変数間の影響力を検討するのが，共分散構造分析（構造方程式モデリング）とよばれる高度な分析です。

という因果関係を想定しています。因果関係を想定するためには，少なくとも以下の3点をすべて満たす必要があります。

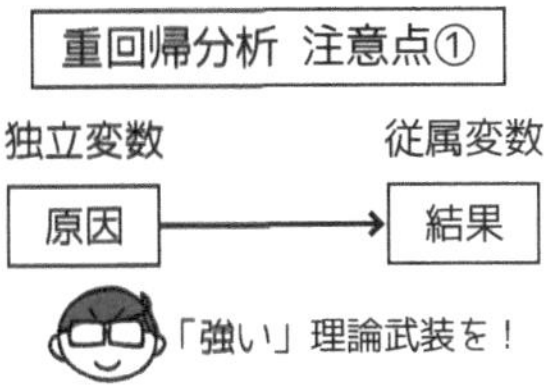

1. 独立変数が従属変数よりも時間的に先行していること。
2. 理論的な観点から，因果関係に必然性と整合性があること。
3. 他の変数の影響を除いても，独立変数と従属変数の間に共変関係があること（擬似相関[8]ではないこと）。

　よって，明らかに独立変数よりも遅れて生起する変数を従属変数にしたり，理論的に因果関係とは考えられない変数を従属変数にしたりすることはできません。事前の「強い」理論武装が求められます[9]。

② 多重共線性

　独立変数間に強い相関がある場合，重回帰分析の結果に悪影響を及ぼすことがあります。このことを「**多重共線性がある**」といいます。悪影響の例としては，不当に低い（または高い）偏回帰係数が算出されたり，通常考えられる符号（＋－）と逆の結果が得られたりします。

　これは，ある変数x_1が予測しすぎた[10]ため，x_1と相関の強いx_2がほとんど予測できない（偏回帰係数が不当に低い）扱いとなったり，x_1が予測しすぎた部分をx_2が打ち消したり（偏回帰係数の符号が逆になる）すると考えられています（図7のイメージを参考にしてください）。

重回帰分析 注意点①

独立変数　　　　　　　従属変数

原因　→　結果

「強い」理論武装を！

図6

重回帰分析 注意点②

多重共線性のイメージ

2人ともトイレ掃除
（相関(高)）

が、はりきり
すぎた

が、すごく
はりきってしまった

…することが
ない…

少し汚した方が
自然かな？

トイレ　ろう下　（相関(低)）

もちろん、[x_1] [x_2]　なら、問題は
ないのです

図7

例題11

8　p.74「11　相関関係と因果関係」における擬似相関の部分を参照。
9　「重回帰分析を使えば，因果関係が想定できる」という考えは注意すべき誤りです。「因果関係が想定できるならば，重回帰分析を使うことができる」が正しいです。注意しましょう。
10　「予測しすぎた」とは，「理論的に予想される偏回帰係数よりも，不当に高すぎる値が示された状態」を意味します。

では，例題11の場合はどうなるでしょうか。今回の独立変数である「自尊心」「統制感」「積極性」「絶望感」には，相関関係が予想されるものが多いです。例えば，自尊心の高さと絶望感の低さには，関連がありそうです（負の相関）。この場合，絶望感の標準偏回帰係数の低さは「絶望感は，自己効力感に与える影響が少ない」だけでなく「多重共線性によって，標準偏回帰係数に以上が生じた」可能性もあるのです。

　重回帰分析を行う際は，独立変数間の相関が強くならないように気をつけましょう[11]。それでも強くなる場合は，相関の強い独立変数同士で1つの独立変数にまとめたり，問題のある独立変数を削除したりすることが必要となります。

MORE!!

　例題10で学んだ因子分析や，今回の例題11で学んだ重回帰分析は，総称して多変量解析とよばれています。
　各個人が複数の変数をもつデータを多変量データといいます。たとえば，各個人の年齢，性別，身長，体重，年収，性格特性，行動傾向など，さまざまなデータを収集した場合，それは多変量データといえます。そして，そのような複数の変数をもつ多変量データを同時に分析することで，変数間の関係性や特徴を見いだすことを目指す分析が多変量解析です。多変量解析は膨大な計算を要するために実用化困難とされていましたが，近年のコンピューターの発達により実用化が可能となったといわれています。他の多変量解析の例としては，主成分分析，数量化I類，II類，III類，共分散構造分析などが挙げられます。

重回帰分析 まとめ

- ■ 重回帰分析とは，2つ以上の独立変数を用いた回帰分析。
- ■ 標準偏回帰係数を用いて，独立変数間の影響力を比較できる。
- ■ 因果関係を想定した分析であること，独立変数間の相関が強いと多重共線性の問題が生じることなどの注意点がある。

11　とくに注意したいのが，因子分析で斜交回転を選択した場合です。因子分析で抽出された因子を独立変数として重回帰分析を行う際，斜交回転では因子間相関を認めているため，多重共線性の問題へとつながる可能性が生じます。

こんな時はどんな回帰分析？

　例えば「合格・不合格」を予測したいときや，「購買・未購買」を予測したいときなど，2つのうちどちらの結果になるかを予測したい場合があると思います。この時に用いられる分析が，**ロジスティック回帰分析**です。

　ロジスティック回帰分析とは，特定の事象が起こる確率を求める分析です。具体的には，従属変数が「0」か「1」の**2値データ**である場合に用いられます。例えば，未購入を0，購入を1としてロジスティック回帰分析を行うことで，0～1の予測値が算出され，それは購入確率を表す値になります。

　また，重回帰分析でありながら，2つの変数の組み合わせの効果（**交互作用**）も検討したい場合もあるかもしれません。一般的に交互作用を検討したい場合は，例題9で紹介した2要因分散分析を用いることが多いですが，**階層的重回帰分析**という統計手法でも交互作用を検討することが可能です。

　階層的重回帰分析とは，重回帰分析を複数のステップに分け，関心のある変数から投入していくことで，その影響力を検討する分析です。特に心理学では，ステップ1でAとBという2つの変数を投入し（主効果の検討），ステップ2でAとBの交互作用項を投入する（交互作用の検討）など，重回帰分析を用いて交互作用の検討を行いたい場合に用いられることが多いです。

　2要因分散分析においては，例えば自尊心の高群・低群といったように群分けをしなければなりませんが，階層的重回帰分析ではそのような群分けをすることなく，交互作用の検討をすることが可能になります。（その分，手続きや考え方が難しいのですが…）

共分散構造分析
（構造方程式モデリング）

　共分散構造分析とは，複数の変数から導かれる因果モデルを構築し，その適合度を探る統計手法のことです。構成概念間の因果関係を分析するのに有用といわれています。因子分析と重回帰分析を複合させたような分析手法であり，**構造方程式モデリング**とよばれることも多いです（厳密には構造方程式モデリングの中の1つに共分散構造分析があるのですが，構造方程式モデリングを用いている多くの研究が共分散構造分析を行っているため，ほぼ同義の用語として扱われることが多いようです）。

　例えば以下の図は，共分散構造分析を用いた分析結果の一例です。変数間の関係を示す矢印のことを**パス**といい，矢印に付随する値を**パス係数**といいます。パス係数は標準化推定値などさまざまなよばれ方をしますが，解釈の方法としては重回帰分析における**標準偏回帰係数の解釈と同様**になります。

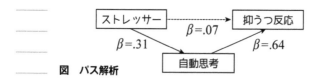

図　パス解析

　例えば上記の図の場合，ストレッサーが自動思考を媒介する形で抑うつ反応に影響が与えられていることがわかります。また，抑うつ反応に対してはストレッサーの直接的な影響よりも，自動思考の影響の方が強いこともわかります。このように共分散構造分析は，複数の変数の因果関係を明らかにすることに向いています。

　なお，共分散構造分析を実施した際は，得られた因果モデルがデータの特徴をよくとらえたモデルであるか，適合度を検討する必要があります。適合度を探る指標はさまざまなものがありますが，代表的なものに**GFI**（goodness of fit index）があります。GFIが1に近い値を示すほど（0.9以上が望ましい），データのもつ特徴をよくとらえた「適合度の高いモデル」が構築されたといえます。

確認問題 11

(1) 重回帰分析に関する以下の①〜④の記述について，正しい文には○を，誤った文には×を書きなさい。

① 重回帰分析における従属変数は，実際に測定された値ではない。
② 重回帰分析において，他の独立変数と比べて偏回帰係数が高い独立変数は，従属変数に与える影響が大きい独立変数である。
③ 重回帰分析において，独立変数間の相関は低い方がよい。

(2) 重回帰分析とは何か，注意点や分析の目的も含めて説明しなさい。

解　説

(1) ① 重回帰分析は，独立変数も従属変数もすべて測定された値を用いる。予測対象である従属変数も実際に測定され，予測値との比較が行われる。よって誤りである。
　　② 測定単位によって偏回帰係数の重みづけが異なるため，独立変数間で偏回帰係数を比較するならば，標準化した独立変数で算出された標準偏回帰係数を用いる。よって誤りである。
　　③ 多重共線性を防ぐために，できるだけ独立変数間の相関を低くすることが望まれる。よって正しい。

解　答

(1) ① ×　② ×　③ ○

(2) 重回帰分析とは，複数の独立変数（説明変数）から従属変数（目的変数）を予測するための，重回帰式の作成を目的とした分析である。予測の精度は，従属変数の実測値と予測値の相関係数である重相関係数や，重相関係数の2乗である決定係数を用いて検討される。重相関係数や決定係数が1に近いほど，予測の精度は高いといえる。

　また，重回帰分析によって算出された標準偏回帰係数を用いて，各独立変数の，従属変数への影響力を比較することが可能である。しかし，独立変数間に強い相関がみられる場合，多重共線性の問題から，標準偏回帰係数に異常が生じる。重回帰分析においては，独立変数間の相関が強くならないよう，独立変数を選定することが望ましい。

例題11 解答・解説

解答例

(1) 例えば自尊心の平均値は45.1，積極性の平均値は12.4であるなど，今回の研究で用いられている独立変数はすべて平均値や標準偏差が異なっているため，偏回帰係数の値だけを見て影響力を比べることはできない。また独立変数間の相関関係が予想されるため，多重共線性によって偏回帰係数に異常が生じている可能性もある。以上のことから今回の重回帰式で，「積極性」の偏回帰係数が最も大きい値であったということだけで，積極性の影響力が最も大きいと結論づけることはできない。

(2) まずは多重共線性を検討するために，独立変数間の相関係数を求める必要がある。独立変数間に強い相関が認められたのであれば，独立変数を減らすなどの対応が必要になる。また，用いる変数の標準化が必要となる。独立変数を0，従属変数を1にする標準化を行ったうえで求めた標準偏回帰係数ならば，影響力の比較が可能となる。

解　説

　今回は「上記の重回帰式から，今回の独立変数のうち従属変数である自己効力感に最も影響するのは「積極性」であると結論づけるのは早計である」に対する理由と，代替案を挙げる問題であるため，重回帰分析に求められる知識に基づき，標準偏回帰係数を求める必要性と，多重共線性を検討する必要性の2つを論点に据えた。

　重回帰式以外の点も検討するならば，今回の研究に参加した「高校生350名」は，一般高校生を代表しているといえるのか？　あくまで高校生に対する研究なのだから，「高校生の自己効力感に影響するものは何か？」という問いかけであるべきでは？　など，母集団と標本に関連づけた議論も可能であろう。

以下の表や文の (A) ～ (J) に当てはまる数値や用語を入れなさい。

例えば，ある小学校の小学生150人に，主な筆記具としてシャープペンか鉛筆か，どちらを使っているか尋ね，低学年・中学年・高学年と分けて集計したところ，以下の結果が得られたとします。

表　小学生150名の主な筆記用具

	低学年		中学年		高学年		合計	
	度数	割合	度数	割合	度数	割合	度数	割合
シャープペン	10	20.0%	15	37.5%	35	58.3%	(C)	40.0%
鉛筆	40	80.0%	(A)	62.5%	25	41.6%	90	60.0%
合計	50	100%	40	100%	(B)	100%	150	100%

学年によって用いる筆記具の比率に対して，統計的な偏りがみられるか否かを検定するために (D) 検定が用いられることになりました。この検定では，上記の表にあるように実際に調査して求められた観測度数以外に，全体の比率から推測される期待度数を算出します。期待度数は，該当データの2つの周辺度数を掛け合わせて，全体度数で割った値で算出されるものであり，例えば低学年で鉛筆を使う児童の期待度数は (E) になります。

次に上記のデータの自由度を求めたところ (F) になりました。この自由度をもとに，統計的な偏りがみられないという (G) 仮説と，統計的な偏りが存在するという (H) 仮説の検討を行います。検定の結果，5%有意で (G) 仮説が棄却され，統計的な偏りが存在することが明らかになりました。さらに (I) 分析を行った結果，低学年と (J) に統計的な偏りが存在することが明らかになり，低学年に鉛筆を使う人が多いこと，(J) にシャープペンを使う人が多いことが明らかになりました。

例題12の攻略ポイント

・カイ2乗検定など，度数の分析に関する理解を問う出題。
・表と文章に圧倒されるが，計算が必要な部分は少ない。表や文章の読み取り，そして心理学の知識で，多くの空欄は埋められる。

▶ 用語解説は次ページから　▶ 解答例は p.172

24 カイ2乗検定

chi-square test

学習のポイント
- ☐ 度数の分析といえば，まずカイ2乗検定。
- ☐ 大学院入試では手計算が求められることもある。がんばろう！

About this word

ここまで紹介してきた多くの分析は，さまざまな「得点」を扱ってきました。しかし「得点」ではなく，**「度数」**を扱う分析が存在します。その代表的な方法が，**カイ2乗検定（χ^2検定）**です。

■ ノンパラメトリック検定

母集団の分布に関する仮定をもたない検定を**ノンパラメトリック検定**，母集団を正規分布と仮定するなど，母集団の分布に仮定をもつ検定を**パラメトリック検定**とよびます。主にノンパラメトリック検定は，度数や順位の分析に用いられます。これから紹介するカイ2乗検定は，そんなノンパラメトリック検定の代表例です。

2つを整理するとこのとおり！

	パラメトリック検定	ノンパラメトリック検定
母集団分布	仮定する	仮定しない
分析対象	得点	度数、順位
主な分析	t検定、分散分析	カイ2乗検定

で、今回扱うのはコレだね！

図1

■ カイ2乗検定とは

例題12は，ある小学校の小学生150人に，主な筆記具として鉛筆かシャープペンか，どちらを使っているか尋ね，低学年・中学年・高学年と分けて人数（度数）を集計した表1の結果を分析する問題です。

この表から「低学年は鉛筆を使う子が多い」「高学年はシャープペンを使う子が多い」などの，

どっち？！

鉛筆　シャープペン

図2

人数の偏りが予想されます。このような状況で，<u>統計的に人数の偏りがあるか否かを検定する</u>手法が，**カイ2乗検定**です。

表1　小学生150名の主な筆記用具

主な筆記具	低学年	中学年	高学年	合計
シャープペン	10	15	35	60
鉛筆	40	25	25	90
合計	50	40	60	150

　カイ2乗検定の計算処理は決して簡単ではありませんが，複雑すぎるわけでもないため，**大学院入試で手計算が求められることがあります**。そこで，本項では（本書にしては珍しいですが），必要最低限の計算方法も含めて紹介していきたいと思います。

■ 期待度数の算出

　カイ2乗検定では，表1のように実際に測定された**観測度数**とよばれる値とは別に，<u>全体の度数の比率に基づいて算出</u>された**期待度数**という値を求めます。具体的には，下の表2-1のア〜カの期待度数がいくつになるかを求めます。なお，アに対する50や60のことを**周辺度数**といいます（エの周辺度数は<u>40</u>と<u>90</u>になるといった具合です）。

表2-1　期待度数はいくつになるか？

主な筆記具	低学年	中学年	高学年	合計
シャープペン	ア　？	ウ　？	オ　？	60
鉛筆	イ　？	エ　？	カ　？	90
合計	50	40	60	150

　では，期待度数の算出を行いましょう。生徒の合計を見ると，150人中60人がシャープペンを使っています。もし，どの学年もまったく人数の偏りがなかったならば，どの学年も全体の60/150（＝2/5）がシャープペンを使っていると「期待」できます。そこで，図3のようにア・ウ・オの期待度数を求める

150人中60人がシャープペン

　→　全体の $\dfrac{60}{150}\left(=\dfrac{2}{5}\right)$ がシャープペン

どの学年も，全体の $\dfrac{60}{150}$ がシャープペンなら…？

ア… $50 \times \dfrac{60}{150} = 50 \times \dfrac{2}{5} = 20$ 人

ウ… $40 \times \dfrac{60}{150} = 16$ 人

オ… $60 \times \dfrac{60}{150} = 24$ 人

図3

ことができます。

　ここで，期待度数を求める式にもう一度注目しましょう。アを求める式は，図4のように変換することができます。つまりアの期待度数は，アの周辺度数をかけた値を，全体の度数で割り算した値と考えられます。

　よって，他の期待度数も同様に，<u>周辺度数をかけ算して全体の度数で割る</u>ことで求めることができます[1]。たとえばイならば，50×90÷150で求めることができます。

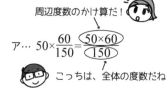

周辺度数のかけ算だ！

$$\text{ア}\cdots 50\times\frac{60}{150}=\frac{\boxed{50\times60}}{\boxed{150}}$$

こっちは、全体の度数だね

	低学年	中学年	高学年	合計
ア ??		ウ	オ	⃝60
イ		エ	カ	90
⃝50		40	60	⃝150

図4

表2-2　算出された期待度数

主な筆記具	低学年	中学年	高学年	合計
シャープペン	ア 20	ウ 16	オ 24	60
鉛筆	イ 30	エ 24	カ 36	90
合計	50	40	60	150

　結果，表2-2のように期待度数がすべて算出されました。期待度数では，**シャープペンと鉛筆の使用者の比率がすべて等しくなっています。**

■ 残差とカイ2乗値の算出

　観測度数と期待度数を，表3のように並べてみます。すると，低学年や高学年では，<u>観測度数と期待度数の差</u>（**残差**）が大きいことがわかります。

表3　観測度数と期待度数（カッコ内が期待度数）

主な筆記具	低学年	中学年	高学年	合計
シャープペン	10 (20)	15 (16)	35 (24)	60
鉛筆	40 (30)	25 (24)	25 (36)	90
合計	50	40	60	150

　ではこの残差が統計的に認められるか，検定していきましょう。カイ2乗検定も統計的仮説検定の1つなので，基本的な流れは同じです。p.94「14　統計的仮説検定」も参照してください。

　今回は，帰無仮説を「有意な残差はない」，対立仮説を「有意な残差がある」と

---

1 この方法を使うことで，例題12のEを求めることができます。

設定し，有意水準は1%とします。帰無仮説を棄却するか否かの判断には χ^2 値（カイ2乗値）とよばれる値を用い，実際に算出すると16.8となりました。有意な残差がない状態（帰無仮説）で，この χ^2 値16.8が生じる確率は0.02%[2]と有意水準1%以下であるため，帰無仮説を棄却し，対立仮説を採択します。よって，表3には有意な残差があることが示されました。

あとはお決まりの
帰無仮説を
棄却するかしないか

このあたりは
他の検定と一緒だ！

ただし有意な残差が，表のどの部分にあるかはまだ判明していません。そこでカイ2乗検定では，帰無仮説が棄却された場合，**残差分析**という分析を行い，どの部分に有意な残差があったのかを判定します[3]。残差分析の結果，低学年と高学年の観測度数と期待度数に有意な残差が確認されました。

MORE!!

χ^2 値も，大学院によっては試験で手計算を求められることがあります。手順は以下の通りです。
① 残差（観測度数−期待度数）を求める。
② すべての残差を2乗し，期待度数で割る。
③ ②をすべて合計する。
　本項の主な筆記具の例の場合，χ^2 値は，
$(10-20)^2 \div 20 + (15-16)^2 \div 16 + (35-24)^2 \div 24 + (40-30)^2 \div 30 + (25-24)^2 \div 24 + (25-36)^2 \div 36 \fallingdotseq 16.8$

MORE!!

カイ2乗検定は，実は3種類の検定があります。計算方法はどれも同じですが，それぞれ目的が異なります。
① 適合度の検定…1種の観測度数と期待度数の適合度を検定する。
② 独立性の検定…2種の質的変数に連関があるか否かを検定する。**連関**とは質的変数どうしの関連の強さのこと。
③ 比率の等質性の検定…2種の観測度数の分布比率が同じか検定する。本項は，この検定を軸に説明している。

カイ2乗検定 まとめ

■ カイ2乗検定は，統計的に度数の偏りが認められるか検定する。
■ 周辺度数の積を全体度数で割った，期待度数を分析に用いる。
■ 基本的な流れは，他の統計的仮説検定と同じ。

例題12

---

2 この0.02%の算出は，手計算では困難であるため，統計ソフトが必要です。
3 このあたりは，分散分析の多重比較と似ていますね。

25 自由度

degrees of freedom

学習のポイント
- ☐ 計算問題で出題される可能性あり。ただし，複雑な計算ではない。
- ☐ これまでの統計的仮説検定を復習しながら，理解を進めよう。

About this word

前項のカイ2乗検定に限らず，これまでに学んだt検定や分散分析など，さまざまな場面で自由度という値が必要とされることがあります。**自由度**は「ある統計量において，自由に変わりうる要素の数」と定義されています。

右図の例のように，平均が20になるよう自由に6つの数を決めるとき，**6つのうち5つは自由**に決められますが，最後の1つは平均が20になるように計算して調整しなければいけません。つまり，**最後の1つは自動的に決定し「自由に決められない」**ことになります。よって，この場合の自由度は5（＝6−1）となります。

自由度の算出は，計算方法こそ検定によって違いますが，論理は常に上に述べたようなものと同じです。本項では，さまざまな検定における自由度を検討しながら，これまでの復習を行いたいと思います。

たとえば平均が20のとき…?
平均が20になるように「自由に」数を決めてみよう

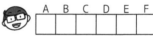

A	B	C	D	E	F

A	B	C	D	E	F
15	24	18	21	23	

はーい

 ストップ!
平均が20になるために
一番最後の数は…?

$$(15+24+18+21+23+x) \div 6 = 20$$
だから…

$20 \times 6 = 120$
$120-(15+24+18+21+23)$
$=19$ ですね！

 このように、最後の1コだけ
自由に決められないんだ

図1

■ 対応のない *t* 検定の自由度

　あるクラスの男子6名の平均点は50点で，女子6名の平均点は60点である。この男子6名と女子6名の平均点に有意差があるか検討した。

男子	40	60	55	45	70	30	平均	50
女子	60	70	40	80	50	60	平均	60

　男子の平均が50点，女子の平均が60点になるよう，各6名の値を自由に決められる場合を考えます。仮に以下のように決めたとしましょう[4]。

男子	$50^?$	$40^?$	$50^?$	$70^?$	$40^?$	★	平均	50
女子	$60^?$	$90^?$	$40^?$	$60^?$	$70^?$	☆	平均	60

　このように，**男子の5人目までは自由**に決められますが，男子の6人目（★印）は，平均点が50点になるよう調整せねばならず，自由に決められません。今回の場合，50×6−（50＋40＋50＋70＋40）となり，★印は自動的に50と決定します。**女子も同様に5人目までは自由**ですが，6人目（☆印）は自由に決められず，☆印は自動的に40と決定します。よって男女ともに1つずつ自由に決められないため，今回の自由度は <u>10（＝12−2）</u> となります。

　対応のない *t* 検定の自由度を公式化すると，*N* を標本の大きさの合計とした時，<u>*N*−2</u> となります。

■ 対応のある *t* 検定の自由度

　ある男子6名の，映画視聴前と視聴後の外向性得点は以下の通りである。この得点差が有意差といえるかどうか，対応のある *t* 検定で検討した。

	A	B	C	D	E	F		全体
視聴前	30	20	20	25	35	20	平均	25
視聴後	35	25	30	20	35	35	平均	30
差得点	+5	+5	+10	-5	0	+15	平均	+5

例題12

　対応のある *t* 検定の場合，**対応するデータどうしの差得点を分析対象**として用います。そのため，自由度の算出においても，どれだけの差得点を自由に決めら

4　この項における「斜体＋クエスチョンマーク」で示されている数字は，すべて「自由に決めた値」とします。

れるかを考えます。

	A	B	C	D	E	F		全体
差得点	$+10^?$	$+25^?$	$-20^?$	$-25^?$	$+20^?$	★	平均	+5

　上記のように**A〜Eまでの差得点は自由**に決められますが，Fの値（★印）は差得点の平均を+5にするために，調整しなければなりません。今回の場合，計算するとFの値は-5に自動的に決定されます。そのため，この検定における自由度は 5（=6−1）です。

　対応のある t 検定の自由度を公式化すると，n を標本の大きさとした時，$n−1$ となります。

■ **分散分析の自由度**

　ある教授法Aと教授法Bと統制群に6名ずつ割りふり，テストの平均点に有意差があるか，分散分析で検定した。

教授法A	70	50	80	70	90	60	平均	70
教授法B	50	70	40	50	30	60	平均	50
統制群	70	60	80	50	60	40	平均	60
							全体平均	60

　分散分析の場合，**群内自由度**と**群間自由度**の2つを求めます。群内自由度は，これまで考えてきた自由度とほぼ同じです。

教授法A	$40^?$	$90^?$	$60^?$	$100^?$	$50^?$	★	平均	70
教授法B	$80^?$	$20^?$	$70^?$	$40^?$	$50^?$	★	平均	50
統制群	$80^?$	$70^?$	$20^?$	$60^?$	$50^?$	★	平均	60

　上記のように，**各群1名ずつ自由に決めることができない**ため，今回の群内自由度は 15（=18−3）です。群内自由度を公式化すると，標本の大きさの合計を N，群の数を a とした時，$N−a$ となります。

　群間自由度とは，各群を1つのまとまりとして考え，群と群の間で検討した時の自由度です。今回の場合，以下の左の表の空欄を自由に設定できる場合を考えます。

教授法A	平均	?
教授法B	平均	?
統制群	平均	?
全体平均		60

→

教授法A	平均	$30^?$
教授法B	平均	$70^?$
統制群	平均	★
全体平均		60

右の表で，統制群の平均値（★印）が自動的に決定されてしまうように，**1つの群の平均値だけ自由に決めることができない**ため，群間自由度は 2（＝3－1）となります。

群間自由度を公式化すると，群の数を a とした時，$a-1$ となります。

■ カイ 2 乗検定における自由度

最後に，カイ 2 乗検定における自由度を紹介します。例題 12 の「主な筆記具」について，ア～カに自由に人数を入れられるとします。

主な筆記具	低学年	中学年	高学年	合計
シャープペン	ア ?	ウ ?	オ ?	60
鉛筆	イ ?	エ ?	カ ?	90
合計	50	40	60	150

試しにアに 30，ウに 20 と人数を入れてみましょう。すると，残りの人数はすべて自動的に決定されてしまうはずです。よって今回の場合，自由度は 2 です。

カイ 2 乗検定の自由度を公式化すると，行数を a，列数を b とした場合，$(a-1) \times (b-1)$ となります。

MORE!!

本項では「何のために自由度を求めるのか？」という話題にあえて触れずに進めています。理由は「自由度を使う目的を問う入試問題は少ない」が「自由度を求めさせる入試問題は，少なからず存在する」からです。

ただし「自由度を使う目的」が気になる人もいるでしょう。理由を簡潔に紹介すると，「標本から母集団を推測する際，標本の大きさ n を使うより，自由度の値を使う方が，より適切な推測になるから」です。不偏分散を求める際に，$n-1$ で割り算するのもそのためです。では「なぜ自由度の方が，適切な推測になるのか？」…疑問はつきませんね。より深い統計の話題になります。興味がある人は，ぜひ調べてみてください。

例題12

自由度 まとめ

■ **自由度とは，自由に変わりうる要素の数のこと。**

■ **分析によって自由度の求め方はそれぞれ異なるが，考え方は同じ。**

確認問題 12

(1) 次の表は，ある意見に対する賛否について男女別に度数を調査し，集計したものである。（　　）内は期待度数を表すものとして，次の問いに答えなさい。

	賛成	反対	合計
男子	72（ウ）	イ（エ）	90
女子	ア（20）	22（オ）	30
合計	80	40	120

① ア・イにあてはまる観測度数を答えなさい。

② ウ・エ・オにあてはまる期待度数を答えなさい。

③ 賛否の比率に男女差があるか検討したい。この時，最もふさわしい分析名を答えなさい。

④ ③の分析を行うにあたり自由度がいくつか答えなさい。

(2) 3群の平均値の有意差を検討するため，1要因分散分析を行うことになった。各群30名ずつで，合計90名のデータを分析する際，群間自由度（　①　），群内自由度（　②　）のF値から臨界値を求める。
上記の①と②にあてはまる数値を答えなさい。

解　説

(1) ① ア…80−72＝8（30−22＝8）　　イ…90−72＝18（40−22＝18）

② ウ…80×90÷120＝60（80−20＝60 でもよい）

エ…90×40÷120＝30　　　オ…30×40÷120＝10

④ 行数2・列数2なので (2−1)×(2−1)＝1

(2) ① 群間自由度は a−1　群の数 a＝3 より，3−1＝2

② 群内自由度は N−a　標本合計 N＝90 より，90−3＝87

解　答

(1) ① ア　8　　イ　18　　② ウ　60　　エ　30　　オ　10

③ カイ2乗検定　　④ 1

(2) ① 2　　② 87

応用問題 2

次の表は，ある意見に対する賛否について男女別に
度数を調査し，集計したものである。（　　）内は
期待度数を表すものとして，次の問いに答えなさい。

	賛成	反対	合計
男子	72 (60)	18 (30)	90
女子	8 (20)	22 (10)	30
合計	80	40	120

(1)　χ^2値を算出しなさい。

(2)　右表を元に，有意水準1%で性差と意見の賛
　　　否に連関があるか検定し，結果を解釈しなさい。

χ^2 値の表

df	5%	1%
1	3.84	6.64
2	5.99	9.21
3	7.82	11.34
4	9.49	13.28
5	11.07	15.09
6	12.59	16.81
7	14.07	18.48
8	15.51	20.09
9	16.92	21.67
10	18.31	23.21
11	19.68	24.72
12	21.03	26.22
13	22.36	27.69
14	23.68	29.14
15	25.00	30.58
16	26.3	32.00
17	27.59	33.41
18	28.87	34.80
19	30.14	36.19
20	31.41	37.57
21	32.67	38.93
22	33.92	40.29
23	35.17	41.64
24	36.42	42.98
25	37.65	44.31

解　説

(1) $(72-60)^2 \div 60 + (18-30)^2 \div 30$

　　$+ (8-20)^2 \div 20 + (22-10)^2 \div 10$

　　$= 2.4 + 4.8 + 7.2 + 14.4 = 28.8$

(2) カイ2乗検定のうちの，独立性の検定を実施す
　　る。表は，χ^2値と有意水準の対応表であり，df
　　は自由度を表す。有意水準と自由度に対応した
　　値（臨界値）よりも算出されたχ^2値が高ければ，
　　帰無仮説を棄却することができる。

解答例

(1) $\chi^2 = 28.8$

(2) 自由度は，$(2-1) \times (2-1) = 1$。表より，有意水準1%で自由度1のと
　　き，χ^2値が6.64以上の場合，連関がないという帰無仮説は棄却される。
　　$\chi^2 = 28.8$より帰無仮説は棄却され，性差と意見の賛否という2要因に
　　連関があることが示された。男子は意見に賛成しやすく，女子は反対
　　しやすいと考えられる。

例題 12　解答・解説

解　答

A	25	B	60	C	60	D	カイ 2 乗	E	30
F	2	G	帰無	H	対立	I	残差	J	高学年

解　説

A … 40 － 25＝15

B … 35＋25＝60

C … 10＋15＋35＝60

D … 度数の分析に用いる検定といえば，まずカイ 2 乗検定を挙げたい。

E … 50×90÷150＝30

F … (2 － 1)×(3 － 1)＝2

G … 「ない」ことを表す仮説の名称を求められているため，帰無仮説と考えられる。ただ，「(G)仮説を棄却した」という文章があるので，ここから帰無仮説と判断してもよい。

H … 「ある」ことを表す仮説のため，対立仮説と考えられる。

I … 分散分析に多重比較がセットでついてくるように，カイ 2 乗検定には残差分析がセットでついてくると考えるようにしよう。

J … 中学年は鉛筆の方に偏っているように見えるが，全体の割合にほぼ近い割合になっている（中学年 37.5% : 62.5%，全体 40.0% : 60.0%）。一方で，高学年は全体の割合と比較して，よりシャープペンの方に偏っていることがわかる（高学年 58.3% : 41.6%）。

例題13 さまざまな統計用語

【問】以下の文章はいずれも誤りが存在する。誤っている点を理由と共に指摘しなさい。

(1) 知能検査の結果からIQを推定する際，区間推定という形で結果をフィードバックすることがある。この時，90%信頼区間よりも95%信頼区間の方が狭い区間となり，特徴がつかみやすいと考えられている。

(2) 中心極限定理とは，ある1つの標本について，標本の大きさを大きくすればするほど，その標本の分布そのものが正規分布へと近づいていくことである。

(3) 被験者内計画を実施した際には，天井効果や床効果を検討しなければならない。これらの効果の影響をなくすために，A→Bという順序で実施する群とB→Aという順序で実施する群の両方を準備し，その2群を混ぜることで相殺するカウンターバランスという手法が用いられることが多い。

例題13の攻略ポイント

・例題12までで扱えなかったさまざまな統計用語を扱っている。
・これまで学んできた内容との関連を意識しながら，理解を深めたい。

▶ 用語解説は次ページから　▶ 解答例は p.184

26 点推定と区間推定

point estimation and interval estimation

学習のポイント

☐ **95%だけでなく，90%信頼区間が用いられることがある理由を理解しよう。**
☐ **確率と区間の広さの対応関係を正しくおさえよう。**

About this word

標本の値から，母集団の値（真の値）を推定する方法として，**点推定**と**区間推定**という 2 つの方法があります。点推定とは，母集団の平均や相関係数などを，標本から単一の値でピンポイントに推定する方法です。点推定は測定に誤差が存在することを考慮していないため，分かりやすさはありますが，適切な推定ではないリスクが高い推定でもあります。そこで，ある程度幅をもった推定が求められることになります。それが区間推定です。

■ 区間推定とは

区間推定とは，標本から推定される母集団の値を，単一の値ではなく区間で推定する方法です。例えば，95%信頼区間が［100.0, 115.5］と表現された場合，標本から推定される母集団の値が，95%の確率で 100.0 から 115.5 の範囲に存在することを示します。ここで以下の図を見てください。

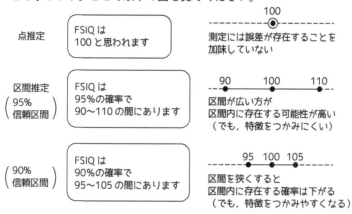

図 点推定と区間推定

信頼区間を広くすれば，母集団の値が存在する確率は上がりますが，その区間の広さから特徴をつかみづらくなります。逆に信頼区間を狭くすると，母集団の値が存在する確率は下がりますが，特徴をつかみやすくなります。例えば知能検査の結果からIQを推定する際，95％信頼区間でIQが90〜110であった場合，その範囲内に真の値が存在する確率は高いですが，結果のフィードバックを受けた側は，自分のIQが結局いくつなのか，曖昧にされている印象を受けるでしょう。対して，90％信頼区間でIQが95〜105であった場合，その範囲内に真の値が存在する確率は下がりますが，結果のフィードバックを受けた側は，自身のIQがいくつぐらいなのかわかりやすいことでしょう。

　このように，仮説検定では5％有意（第1種の誤りではない確率は95％）を用いることが一般的ですが，区間推定では95％信頼区間だけでなく，**90％信頼区間が用いられる場合があります**。

■ 確率と区間の広さ

　例題13においては，90％信頼区間よりも95％信頼区間の方が「狭い区間」と表現されている点が誤りになります。正しくは95％信頼区間の方が「広い区間」になるのですが，このあたりは混乱しやすいです（ひっかけ問題にも使われそうです）。まとめると以下のようになります。

確率	区間	特徴
高い	広い（＝推定が正しい確率が上がる）	つかみづらい
低い	狭い（＝推定が正しい確率が下がる）	つかみやすい

　以上のことから，結果をわかりやすくフィードバックするために，95％信頼区間よりも確率の低い90％信頼区間を用いることがあるのです。

点推定と区間推定 まとめ

- ■ 点推定はピンポイントで，区間推定は幅をもって推定する。
- ■ 確率が高い方が区間は広く，特徴はつかみづらい。確率が低い方が区間は狭く，特徴がつかみやすい。逆にならないように注意。

中心極限定理

central limit theorem

学習のポイント
- [ ] 標本分布が「標本平均値の分布」であることをおさえよう。
- [ ] どんな分布からも，標本分布が正規分布になれることを理解しよう。

About this word

t 検定や分散分析など正規分布を仮定して行う分析の総称として<u>パラメトリック検定</u>という言葉があるように，統計的分析には正規分布が重要といわれています。その正規分布に関係する重要な定理が，本項で扱う**中心極限定理**です。

■ 標本分布とは

まず，中心極限定理を学ぶ前に，その前提となる標本分布（標本抽出分布）について学びましょう。標本分布とは，以下の図1のように，<u>複数回標本抽出を行った際の"標本平均値の分布"</u>のことを指します。

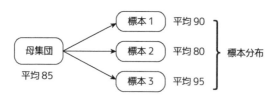

図1 標本分布

このとき，母集団の平均値（母平均）と，各標本の平均値が一致するとは限りません。この隔たりを**標本誤差**といいます。ただ，<u>標本の大きさ</u>（＝標本を構成する人数のこと）が大きいほど，その標本は母集団に近くなるため，標本誤差は小さくなり，その標本の平均値は母平均に近い値になります（p.89 も参照）。

よって複数回の標本抽出によって各標本で標本誤差のバラツキこそ生じるものの，**各標本の大きさが十分に大きければ，母平均に近い標本平均値が多く得られる**と考えられます。

■ 中心極限定理とは

中心極限定理とは，標本の大きさが大きければ大きいほど，標本分布が正規分布に近づく現象のことを指します。なぜならば先ほど述べたように，抽出した各標本の大きさが大きければ，母平均に近い標本平均値が多く得られるからです。

また中心極限定理は，母集団の分布がどのような形であっても，標本分布は正規分布に近づく，という大きな特徴をもっています。言葉だけではわかりにくいと思われるので，例で考えてみましょう。

サイコロの目が「1，2，3，3，3，3」となっている特殊なサイコロがあるとします。平均は (1＋2＋3＋3＋3＋3)÷6＝2.5。1や2は出にくく3は出やすいため，図2のように正規分布とは言い難い設定です。

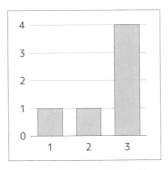

図2　特殊なサイコロの目

ではこのサイコロを，仮に5回ずつ，8セット振ってみたとしましょう。結果は以下の通りになったとします。

	結果	平均値
1セット目	3，3，1，2，3	2.4
2セット目	3，3，2，3，3	2.8
3セット目	1，3，1，3，3	2.2
4セット目	3，3，3，1，3	2.6
5セット目	2，3，3，2，3	2.6
6セット目	3，3，1，3，2	2.4
7セット目	3，1，3，3，3	2.6
8セット目	2，3，3，3，3	2.8

そして，この各セット（＝標本）の平均値をグラフにしたものが図3です。図3が正規分布に近い形になったことがわかるでしょうか。

例題13

177

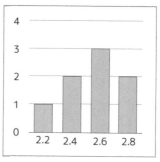

図3 平均値の分布（標本分布）

　今回は各セット5回で実施しましたが，この回数を増やせば増やすほど（＝標本の大きさが大きいほど），各回（＝各標本）の平均値は2.5に近い値が得られやすくなり，平均値の分布（＝標本分布）は2.5を平均とした正規分布に近づいていきます。

　このように，母集団の分布がどのような分布であったとしても，正規分布を得られることから，中心極限定理は統計学において非常に重要な定理といわれています。

MORE!!

　標本数と標本の大きさは，似た言葉ですが違う意味です。例えば，母集団から標本Aとして10名，標本Bとして50名，標本Cとして100名抽出した場合，標本数は3で，標本の大きさはAが10，Bが50，Cが100となります。（下の図4も参照）

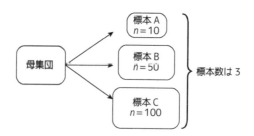

図4　標本数と標本の大きさ

中心極限定理 まとめ

■ 標本分布とは，複数回標本抽出した際の「平均値の分布」である。
■ 中心極限定理により，どんな分布からも正規分布を得ることができる。

経験サンプリング法について

　経験サンプリング法とは，調査対象者から1日数回×数日間にわたって繰り返しデータを取得するという調査手法のことです。1日1回ずつのデータ取得頻度であれば，**日誌法**とよばれます。

　従来は，調査対象者が記録用紙を持ち歩いて記入し，その冊子を後から回収する…といったアナログな方法が取られていました。しかし現在ではスマートフォンを通じて質問フォームに回答することや，ウェアラブル端末を通じて生理指標を測定する方法が主流となっています。そのことにより，日々の生活の中で人々が経験する出来事に関して，あいまいな記憶に頼ることなく，リアルタイムでデータ化することができます。さらに，こうしたデータ収集を高頻度で繰り返すことによって，発生頻度やその状況を知ること，また時系列的な推移を追跡することが可能になります。

　さらに，従来は研究に耐えうるだけのデータ数を確保することが困難でしたが，それらのデータについて**インターネットを介して回収することによって，十分な統計分析に対応できるだけのデータ数を確保することができる**ようになりました。

　人々は，どんなときに，どんな場所で，なにを考え，どのように感じ，いかなる行動をとっているのでしょうか。こうした思考・感情・行動のパターンは，時間経過や状況変化に応じて，どのように移り変わっていくのでしょうか。経験サンプリング法は，これらの問いに答えることができるデータ収集の方法として注目されています。

（引用・参考資料　一般社団法人．日本経験サンプリング法協会．経験サンプリング法とは）

例題13

28 さまざまな統計効果

various statistical terms

学習のポイント
☐ さまざまな統計用語や効果について，理解を深めよう。
☐ 意味だけでなく，使われる用途や文脈もおさえておきたい。

About this word

本項では，さまざまな統計用語や効果について扱います。

■ 被験者内計画と練習効果・順序効果

例えば研究協力者に，単純な課題と複雑な課題の両方に取り組んでもらう被験者内計画の場合，単純な課題に先に取り組んだことで，後の複雑な課題に取り組みやすくなってしまうことが考えられます。このように，課題を複数回実施することで，その課題に対する慣れが生じ，結果に影響を与えてしまうことがあります。このことを練習効果といいます。また練習効果に限らず，刺激や課題の提示順序が結果に影響を与えることが考えられます。このことを順序効果といいます。

このような練習効果・順序効果が予想される場合，被験者内計画ではなく被験者間計画に切り替えたり，条件A → 条件Bという順序で実施する群と，条件B → 条件Aという順序で実施する群を用意して順序効果を相殺するカウンターバランスという手法が取られたりします。

■ 実験者効果と二重盲検法

研究者本人が実験を行うと，研究者自身の仮説に対する期待が，結果に影響を及ぼしてしまうことがあります。これを実験者効果といいます。また，この研究者の期待を統制するため，実験を研究者本人が行わず，実験仮説や目的を知らない第3者によって行うことを二重盲検法といいます。

■ 天井効果・床効果

天井効果とは，高得点に集まりすぎることで個人差がつかなくなることを指します。例えば，「毎日，水分を摂取する」という質問項目について「1　あてはまらない」〜「5　あてはまる」で回答を求めても，多くの人が5に集まって天井効

果となり，個人差は明確にならないでしょう。

逆に**床効果（フロア効果）**とは，低得点に集まりすぎることで個人差がつかなくなることです。多くの人が「1　あてはまらない」と答えるような質問は，個人差を識別することには向きません。以上のことから得点は，正規分布に近い形で分布することが望ましいといえるでしょう。

■ ダブルバーレル質問とキャリーオーバー効果

質問紙調査などで「母は強くて優しいか」など，1つの質問で2つの内容を聞いているものを**ダブルバーレル質問**といいます。この質問に対して「母は体が弱いが，とても優しい」場合「はい」と答えるべきか「いいえ」と答えるべきか，回答者に混乱が生じ，得られた回答の妥当性も低下します。そのためダブルバーレル質問は避け，**1つの質問で問う内容は1つにすること**が原則になります。

質問紙調査で影響する可能性がある他の効果にキャリーオーバー効果があります。これは前の質問が後の質問の回答内容に影響してしまうことです。例えば「子どもを叱ることが，子どもの自己肯定感に悪影響を与えると思いますか」という質問のあとに「子どもを叱ることが必要だと思いますか」という質問をした場合，前の質問の存在が何らかの形で後の質問に影響してしまうことは避けられないでしょう。そのため，キャリーオーバー効果が起こりそうな項目は，**離して配置するなどの工夫**が必要になります。

■ 相関と連関

2つの量的変数の関連性のことを相関といい，その強さを数量化したものにピアソンの相関係数があります。その相関と類似した言葉が連関です。連関とは2つの質的変数の関連性を表す言葉であり，数量化したものにクラメールの連関係数というものがあります（なお，質的変数とは「男子か女子か」といった「カテゴリーデータ」のことです。p.21も参照）。

例えば，以下の表を見てください。

		算数	
		好き	好きではない
性差	男子	74	26
	女子	46	54

(単位：名)

表から，「男子が算数好きであること」が予想されます。この場合「性差と算数が好きかに連関がある」と表現できます。なお，クラメールの連関係数の計算式は省略しますが，実際に求めると0.29であることがわかります。**解釈の仕方は相関係数と同じです。**

ベイズ統計学って何？

　まずいきなり正直に言いますと，著者である僕自身がベイズ統計学について そこまで理解していません。ただ，現代社会において様々な場面 で活用されている，重要な考え方のようです。そこで，本コラムではベ イズ統計学について，ふんわりとその様子を覗きにいくことにしましょ う。

　なんとベイズ統計学には**「標本」という概念が無い**そうです。この時 点で，母集団と標本を軸に考える推測統計法の発想を，いったん脇に置 かなければならないようです。とはいえ，手元にあるデータを直接分析 するだけの記述統計法とも異なるようです。では，記述統計法でもなく 推測統計法でもない，ベイズ統計学とは，何物なのでしょうか。

　ベイズ統計学には，**新たにデータを集めて結果をアップデートしてい く**という特徴があります（そして，僕がベイズ統計学について理解して いるのは，現時点ではこの特徴だけだったりします。それでよくコラム を書こうと思ったものです）。例えばある品物を購入する確率につい て，様々な人々の購入履歴が蓄積されていくたびに，その確率が変動・ 更新されていきます。そして，どのようなデータが投入された時に購入 確率が上がったのか？　下がったのか？　という情報から，効果的な販売 戦略を構築できるでしょう。

　このように，新たにデータを集めて結果をアップデートしていく…と いえば，近年注目されている生成AIや機械学習をイメージする方も多 いのではないでしょうか。また，AmazonやYouTubeなどの「おすす め」は，まさに購入履歴や視聴履歴の蓄積によりアップデートされてい ることでしょう。また，前のコラムで紹介した経験サンプリング法とも 相性が良さそうです。心理学はまだ，ベイズ統計学が主流というわけで はありませんが，いずれ「ベイズ統計学が当たり前」の時代がやってく るのかもしれません。

確認問題 13

(1) 次の問いに答えなさい。

① 以下のアからウのうち，信頼区間の幅が最も狭いものはどれか。

　　ア　90％信頼区間　　イ　95％信頼区間　　ウ　99％信頼区間

② 質問紙で，現在の経済状況を問う質問のあとに，主観的幸福感について質問した場合，以下のアからウのうち，何が起こる可能性があるか。

　　ア　ダブルバーレル質問

　　イ　中心極限定理

　　ウ　キャリーオーバー効果

(2) 幼児を対象とした怒りのコントロール法として，新しい方法Ｘと従来の方法Ｙの効果を，置換ブロック法による無作為化比較試験によって検証することとなった。(1) ブロックサイズを6とし，84名の実験参加者を乱数によってＡ群：新しい方法Ｘ，Ｂ群：従来の方法Ｙの2群に割り付ける。(2) 各群にそれぞれＸとＹを実施する。(3) 遊び場面で怒りについての観察によるアセスメントを行う。この計画において注意すべきことについて，正しいものを1つ選べ。

① (2) と (3) は同一人物が行う。

② (1) の結果を (3) の実施者に伝えない。

③ ブロックサイズを4とし，実験参加者を90名にする。

④ 割り付けでＡ群が5回続いた場合，乱数による割り付け結果にかかわらずＢ群にする。

（公認心理師試験）

解　説

(2) 実験参加者のうち，誰が新しい方法Ｘか，誰が従来の方法Ｙかを知っていると，アセスメントの結果にバイアスがかかる可能性がある。よって二重盲検法に基づく処置が必要となり，正解は②とわかる。

解　答

(1) ① ア　　② ウ　　(2) ②

解答例

(1) 90％信頼区間よりも95％信頼区間の方が，推定が正しい確率が高い
ぶん，推定区間を広くとっている。そのため「90％信頼区間よりも
95％信頼区間の方が狭い区間」とあるが，実際には逆で，95％信頼区
間の方が広い。また，信頼区間が広い方が特徴をつかみにくいため，
90％信頼区間よりも95％信頼区間の方が，特徴がつかみにくいと考
えられている。

(2) 中心極限定理は複数回標本抽出した際に得られる標本平均量の分布が
正規分布に近づくことであり，1つの標本が正規分布に近づくことで
はない。なお，標本の大きさを大きくすることによって起こることは，
標本と母集団の違いが少なくなり，標本誤差が減ること，すなわちそ
の標本の平均値が，母集団の平均値に近づくことである。

(3) 被験者内計画を実施する際に検討しなければならないのは，天井効果・
床効果ではなく，練習効果・順序効果である。なお，天井効果や床効
果を検討しなければならないのは，高得点や低得点への偏りによって
個人差が消失していることが疑われる場合である。

解　説

(1)(2) は，それぞれの項目を参照。
(3) の後半部分について，カウンターバランス以外にも被験者間計画にす
るという案もあるが，カウンターバランスの説明そのものは正しいので，
誤りとして指摘する必要はない。

例題14 効果研究

(1) 就職活動不安を低減するための介入法の効果を検証することになった。効果に関するエビデンスを得るための研究計画を立てなさい。また研究計画に基づいてデータを収集したのちに，効果を検証するために用いる統計的分析についても説明しなさい。

(2) 研究の実施にあたり，研究協力者に事前に説明しておくべきこととして，どのようなことが挙げられるか。複数の観点から述べなさい。

例題14の攻略ポイント

・(1) のように効果研究について研究計画を立案する問題は，心理系大学院入試において出題増加傾向にある。まずランダム化比較試験の知見に基づいて説明することを心がけよう。
・(2) は倫理的配慮について，出来るだけ多面的に述べられるようにしておく必要がある。

▶ 用語解説は次ページから ▶ 解答例は p.194

29 ランダム化比較試験

randomized controlled trial

学習のポイント

☐ 心理学的介入のエビデンスを得る方法を理解しよう。
☐ これまでに学んできたことと関連づけよう。

About this word

心理学的介入の科学的根拠（エビデンス）を得るための代表的な方法がランダム化比較試験（RCT）です。ランダム化比較試験とは，**無作為に実験群（介入あり）と対照群（介入なし）に分け，効果の違いを検証する方法**です。

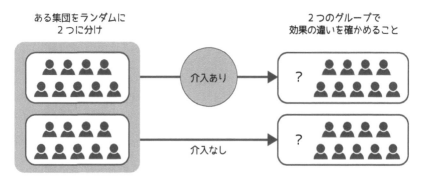

例えば今回の例題 14 ならば，就職活動不安を低減する介入を行う実験群と，行わない対照群を用意し，就職活動不安の違いを測定します。なお，就職活動不安が「低減」したことを示すためには，介入前に高かった就職活動不安が，介入後に低くなっていることを示す必要があるため，介入前のデータも測定することになります。

つまり，以下の表のようになります。

		時期	
		介入前	介入後
介入の有無	実験群（介入あり）	A	B
	対照群（介入なし）	C	D

A〜Dは，それぞれの群の就職活動不安の平均値が入ります。そしてCからDの就職活動不安に変化がなく，AからBに就職活動不安が減少していれば，介入法の効果が示されたことになります。

では，AからBに値が減少したことなどを，どのように統計的に証明すればよいのでしょうか。すでに表を見て気づいた方もいるかもしれませんが，この場合に登場する分析は，**2要因分散分析**（p.126）です。2要因分散分析を用いて，BがA・C・Dよりも有意に低いことが明らかになれば，介入法の効果が示されたといえるでしょう。

■ これまでの学びとの関連

しかし，そもそも研究協力者を2群に分ける段階で，ランダムに2群に分けられていない場合，介入法以外の要因（剰余変数）によって就職活動不安が低減した可能性があり，内的妥当性（p.82）に問題が生じます。さらに研究協力者を募る段階で偏りが見られた場合，外的妥当性（p.86）の問題が生じ，得られた結果を一般化することが困難になります。

また，2要因分散分析は統計的仮説検定（p.94）の考え方に基づいているため，得られた結果は絶対的なものではなく，常に誤りを含むもの（p.98）であることも認識する必要があります。

■ 効果量

今回の例題14について，介入によって就職活動不安の低減が統計的に確認されたとします。しかし「低減」といっても，どの程度下がったのでしょうか。20から10になったことも「低減」ですが，20から19になったことも「低減」です。**統計的有意を得ただけでは，「差がある」ことはわかりますが，どの程度の差があるのかわかりません**。そこで，近年は統計的有意を得るだけでなく，どの程度の差があるのか効果量を算出することが求められます。

効果量を求める式は以下の通りです。

効果量＝（実験群の平均値－対照群の平均値）/ 対照群の標準偏差

もし効果量が0ならば，介入の効果がまったくないことを示し，値が大きいほ

ど効果が高いことを示します。また効果量がマイナスになった場合は，介入によってかえって悪化したと考えられます。

■ メタ分析

　仮に大きな効果量が得られたとしても，そのランダム化比較試験だけで偶然得られた「まぐれ当たり」の可能性を否定できません。しかし，複数のランダム化比較試験の結果を統合することで，一貫した効果が認められれば，それはより確かなエビデンスといえるでしょう。そこで，効果量を用いて複数の過去の論文を統計的に集計し，効果のある心理療法を見出そうとする方法が開発されました。この方法を<u>メタ分析</u>といいます。そのため，複数の研究成果を統合するメタ分析が，最もエビデンスレベルが高い分析方法と考えられています。

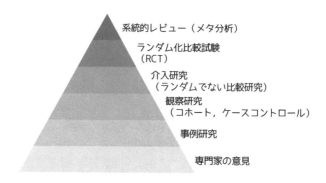

系統的レビュー（メタ分析）

ランダム化比較試験
（RCT）

介入研究
（ランダムでない比較研究）

観察研究
（コホート，ケースコントロール）

事例研究

専門家の意見

ランダム化比較試験 まとめ

■ ランダム化比較試験とは，無作為に実験群（介入あり）と対照群（介入なし）に分け，効果の違いを検証することで，介入のエビデンスを得る方法のこと。

■ 効果量とは，どの程度の効果があったのかを表す値のこと。近年は統計的有意だけでなく，効果量も算出することが求められることが多い。

■ メタ分析とは，複数のランダム化比較試験の結果について，効果量を元にまとめる分析のこと。

サンプルサイズは
大きければ大きいほどよい？

　これまでの心理学研究では「有意水準」と「サンプルサイズ（標本の大きさ）」だけが常に扱われ，効果量について記載のないものが多数ありました。しかし，仮に"有意差"が見られたとしても，効果量が小さかったりするならば，その結果は価値が高いとはいえません。サンプルサイズが大きければ統計的有意が得られやすいという統計学的特徴もあって，とりあえずサンプルサイズを大きくすることによって，ほんのわずかな差でも統計的有意が得られればよい…そのような流れがあったことは否めません。

　アメリカ心理学会の論文作成マニュアルには「仮説検定は分析のはじまりにすぎません。結果の意味を十分に伝えるためには，効果量，信頼区間，そして詳細な説明が不可欠であることを，アメリカ心理学会（APA）は強調します」と明示されるようになり，仮説検定に過度に依存することの弊害が多くの研究者から指摘されたことから，効果量や信頼区間を重視する立場からの改革が進んでおり，心理学における**統計改革**とよばれるようになりました（石井，2013）。

　サンプルサイズがあまりに大きすぎると，ほんのわずかな効果量でも統計的有意が得られてしまいます。そこで近年は「有意水準」を設定するだけでなく，どの程度の「検出力」と「効果量」を必要とするかを事前に設定することで，適切なサンプルサイズを求める方法が注目されるようになりました（計算の詳細は難しくなりすぎるので省略します）。

　以前は，サンプルサイズが大きければ大きいほどよい，といわれていましたが，今後は研究の目的によって設定された「有意水準」と「検出力」と「効果量」から，適切なサンプルサイズを用いる…といった表現が必要とされる場面もあることでしょう。なお，大学院入試の段階では，サンプルサイズが大きすぎることによって「わずかな効果量でも有意になる」という問題点を理解しておけば十分です。

〈参考文献〉石井秀宗（2013）．心理学研究における効果量の活用と報告—APAの指針を踏まえて—．教育心理学年報. **52**, 234-237.

例題 14 効果研究 ▶ ▶ ▶ 難易度 ★ ★ ☆

30 倫理的配慮

ethical considerations

学習のポイント

☐ **倫理的配慮に関する問題も増加傾向にある。**
☐ **複数の観点から倫理的な配慮を説明できるようにしておこう。**

About this word

　研究を実施する上で、その手続きが科学的なものであるかだけでなく、<u>倫理的配慮</u>がなされているかも同等に重要です。近年は**研究の倫理的配慮に関する出題も増加傾向**にあります。複数の観点から研究実施上の倫理を述べられるようにしておきましょう。

■ 苦痛を最小限にすること

　対象者が強い苦痛を味わうことが予想される研究計画や質問項目は避けなければなりません。不登校児に不登校に至った経緯を乱暴に尋ねるなど、土足で足を踏み入れるような内容であってはいけません。

　特に臨床心理学的な研究では、研究協力者が現実に困難を抱えたクライエント（<u>臨床群</u>）である可能性もあるため、実施を工夫する必要があります。例えば、うつ病に関する研究を行う場合、うつ病患者を直接対象とすることが難しいため、まずは健康な人（<u>健常群</u>）でも起こりうる抑うつ的な気分を研究として扱い、得られた知見を臨床群へと活かしていく方向性で進める場合があります。このように、**臨床群での実施が難しい場合、類似した健常群で研究を実施すること**を<u>アナログ研究</u>といいます（右ページの図も参照）。

■ インフォームド・コンセント

　先ほど、研究協力者の苦痛を最小限にするべきと伝えましたが、実験であれ調査であれ、どんな研究であっても研究協力者の時間や労力を割いてもらう点については変わりなく、**負担を完全に0にすることはできません。**そこで必要なことが<u>インフォームド・コンセント</u>です。インフォームド・コンセントとは、研究の目的・実験や質問紙の内容・情報の取り扱いなどについて可能な限りの説明を行い、参加への同意を得ることです。なお、**実験や調査の途中で中断を申し出るこ**

190

とが可能であること，秘密保持は徹底されること，研究協力者から得られたデータは研究の目的以外に使うことはなく，公表された結果から研究協力者個人が特定されることは決してないことなども，説明して同意を得ておく必要があります。

■ ディセプションとデブリーフィング

　研究の内容によっては，本来の目的を伝えてしまうと研究協力者の自然な行動が引き出されなくなってしまうことがあります。この場合，本来の目的を伏せて研究を実施することになります。このことをディセプションといいます。ディセプションを行った場合は，事後に研究の目的を明かした上で，最初に伝えられなかった理由も含めて十分に説明を行うことが必要になります。このことをデブリーフィングといいます。

■ 倫理委員会の認可

　これまで紹介してきたさまざまな倫理的配慮が適切になされているか，研究者本人が慎重に検討するだけでなく，**第三者からの目線**で審査してもらうことも重要となります。自分自身では気づかなかった倫理的な問題に気づく場合もあります。所属機関に設置されている倫理委員会に研究計画を提出し，審査を受けることが望ましいです。

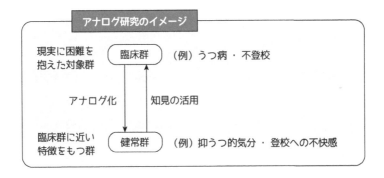

アナログ研究のイメージ

現実に困難を抱えた対象群　臨床群　（例）うつ病・不登校

アナログ化　知見の活用

臨床群に近い特徴をもつ群　健常群　（例）抑うつ的気分・登校への不快感

倫理的配慮 まとめ

- ■ 研究の実施にあたっては，研究協力者に対するさまざまな倫理的配慮が求められる。
- ■ 倫理的配慮が独りよがりなものになっていないか，倫理委員会など第三者の目線で審査してもらうことが望ましい。

論文作成に関するエトセトラ

研究計画書の作成などに役立つ小ネタをいくつかご紹介します。

◆ 「私は」は用いない。どうしても用いなければならない場合は「本研究は」と表現する。

◆ 文章は原則として受動態。「…と考えられる」「…とされる」などの表記が基本。

◆ 先行研究で「有意傾向」と書いてある場合は，多くの場合10％有意。帰無仮説を棄却する基準として10％はかなり「甘い」ので，多くの場合，その結果を引用して論じることは望ましくない。

◆ 図（figure），表（table）ともに，タイトルを上に書くことが一般的な書き方。

（従来は図（figure）について，タイトルを下に書くことが一般的な書き方であったが，2022年に日本心理学会が，国際的な基準に合わせて，図についてもタイトルを上に書く指針を発表した）

◆ 論文の最後には引用文献リストを作成する。引用文献は第1著者の名字のabc順で並べる。

◆ 引用文献は，雑誌名の場合「著者名，刊行年，表題，雑誌名（英字の場合は斜体），巻（太字），ページ」の順に記載。書籍の場合は「著者名，刊行年，書籍名，出版社」の順で記載（基本的には，何かの論文を参考にしながら，形式を真似るようにすること）。

確認問題 14

(1) 新しい英語学習法の効果を検証するために実験計画を立てた。新しい学習法を実験群，従来型学習法を統制群とし，実験の参加申込順に最初の 25 人を実験群に，次の 25 人を統制群に割り当てることにした。各群にそれぞれの学習法を体験させ，4 週間後にテストを実施することにしたが，この実験計画には問題点があった。改善方法として，最も適切なものを 1 つ選べ。

① 参加者全体の人数を 100 人にする。

② 25 人ずつ無作為に実験群と統制群に割り当てる。

③ 学習法を実施する前にも，同様の英語のテストを実施する。

④ 参加者全員に従来型学習法と新しい学習法の双方を実施する。

⑤ 先に申込みがあった 25 人を統制群に，次の 25 人を実験群に割り当てる。

(2) 研究の目的を偽って実験を行い，実験の終了後に本来の目的を説明することによって，実験の参加者に生じた疑念やストレスを取り除く研究倫理上の行為として，正しいものを 1 つ選べ。

① 個人情報保護　　② ディセプション　　③ フィードバック

④ デブリーフィング　　⑤ インフォームド・コンセント

(公認心理師試験)

解　説

(1) 今回の計画の問題点は，「実験の参加申込順に最初の 25 人を実験群に，次の 25 人を統制群に割り当てることにした」という部分である。例えば最初に申し込んだ 25 人は英語学習法に対する興味や意欲が高く，次の 25 人がそうではない場合，学習法の効果ではなく，興味や意欲の効果が<u>剰余変数</u>となって，<u>交絡</u>が起こってしまう可能性がある。

　そのため，研究協力者 50 人を無作為に 25 人ずつに割り当てる②の選択肢が正解となる。

(2) ディセプションとデブリーフィングで迷うところだが「実験の終了後」とあるので，ここは間違えずに<u>デブリーフィング</u>を選びたい。

解　答

(1) ②　(2) ④

例題14　解答・解説

解答例

（1）介入法に関するランダム化比較試験を実施する。具体的にはまず，就職活動中の大学4年生のうち，実験への参加に同意が得られた者を研究協力者とする。そして，研究協力者の就職活動不安を心理尺度で測定する。その後，研究協力者を無作為に2群に分け，実験群と対照群とする。実験群には就職不安を低減するための介入法を，対照群には就職活動には関係ない介入を行う。なお，介入に関しては研究協力者の意思により途中で辞退したり中断したりすることが可能と教示する。そして介入後に，再び就職活動不安を心理尺度で測定する。

　測定後は，実験群か統制群か，介入前か介入後かで4群に分け，各群の就職活動不安について2要因分散分析で有意差および交互作用を検討する。実験群の介入後の就職活動不安が他の群よりも有意に低ければ，介入法の効果が統計的に示されたと言える。

　しかし統計的有意が得られたとしても，その効果が微小である可能性もあるため，効果量を求めて他の研究結果と比較したり，メタ分析で他の研究と効果量を統合したりして，より詳細に検討することが求められるだろう。

（2）研究協力者に対して説明すべき事項としては，まず研究の目的や内容が挙げられる。しかしその目的や内容によっては，事前に開示してしまうことで研究協力者の自然な反応が得られなくなってしまう場合がある。この場合は，本来の目的を伏せて実施することになるため，その伏せ方に問題がないか，事後の説明で十分に納得してもらえる内容かを倫理委員会など第3者の目線で審査してもらうことが望ましい。

　また事前に説明すべき事項として得られた情報の管理が挙げられる。秘密保持は徹底されること，研究協力者から得られたデータは研究の目的以外に使うことはなく，公表された結果から研究協力者個人が特定されることは決してないことなど，説明して同意を得ておく必要がある。

　さらに，一旦同意を得たあとも，いつでも研究の途中で中断を申し出ることが可能であること，中断を申し出ることで研究協力者が不利益を被ることは決してないことも，事前に伝えた上で同意を得ておくことが望ましい。

総合問題

　最後に，複数の分野・内容にまたがる問題を出題します。ここまで学んださまざまな心理統計・研究法の各用語を，相互に関連づけることを目標に，ぜひ問題に取り組み，じっくり解説を読んでみてください。

(1) 以下の目的で統計的な処理や分析を行う際に，最も関連すると思われる用語を以下の語群から選び，記号で答えなさい。

① 2群の平均値の差の検定を行いたい。
② 3群以上の平均値の差の検定を行いたい。
③ 各クラスのイベント参加者・不参加者の人数に差があるかを検討したい。
④ 高校生の国語のテスト得点と英語のテスト得点に関連があるかを検討したい。
⑤ ビッグファイブの各性格特性が，どの程度攻撃性に影響するかを比較検討したい。

A 単回帰分析　　B 重回帰分析　　C 因子分析　　D 主成分分析
E 相関係数　　　F 連関係数　　　G カイ2乗検定　H t 検定
I クラスター分析　J 分散分析

解　説

　「どんな時に，どんな統計手法を用いるか」を問う，非常に重要な問題だ。ぜひ全問正解できるようにしておきたい。1・2について，2群の平均値の差といえば <u>t 検定</u>，3群以上の時は <u>分散分析</u>。3について，度数（人数）の分析といえばまず <u>カイ2乗検定</u>を考えよう。4について，2つの変数の関連性といえば <u>相関係数</u>。5について，複数の変数の影響力を比較するといえば <u>重回帰分析</u>だ。

解　答

　1. <u>H</u>　2. <u>J</u>　3. <u>G</u>　4. <u>E</u>　5. <u>B</u>

(2) 次の変数は，4つの尺度水準のどれに相当するか，答えなさい。

① 質量　　② 性差　　③ 段位　　④ 相関係数

解　説

尺度水準の分類基準は以下の通り。

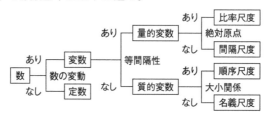

① 質量は，等間隔性が確保されており，0gが絶対原点であるため，<u>比率尺度</u>と考えられる。

② 性差について，男性を0，女性を1として考えても，男性を250，女性を150として考えても，その数の大小関係になんら意味は存在しない。よって，性差は<u>名義尺度</u>と考えられる。

③ 各段位の間隔が等しい保証はないため，等間隔性はない。ただし大小関係は存在するため，段位は<u>順序尺度</u>と考えられる（2段よりも初段の方が実力をもっている場合がある…ということを加味していけば，<u>名義尺度</u>となる）。

④ 相関係数（r）を2乗したものを決定係数（r^2），さらに決定係数を％表記にしたものを説明率（R^2）という（p.77参照）。このとき説明率は，下図のように等間隔性が保証されている。さらに0％は絶対原点でもあるため，<u>比率尺度</u>である。
　　ここで相関係数（r）を説明率と対応させる。すると，下図のrの0.5と0.6の間隔が，0.9と1.0の間隔と等しくないように，等間隔性が保証されていないことがわかる。そのため相関係数rは，大小関係のみをもつ<u>順序尺度</u>と判断される。

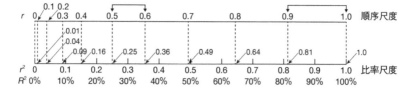

解　答

① 比率尺度　② 名義尺度　③ 順序尺度　④ 順序尺度

(3) 次の文章で，適切なものには○を，誤りがあるものには×を，それぞれつけなさい。

1	（　　）	t検定で帰無仮説が棄却されなかった場合，平均値が等しいことを意味する。
2	（　　）	有意水準を低い値にすることで，検定力は低下する。
3	（　　）	片側検定よりも両側検定の方が，帰無仮説は棄却されやすい。
4	（　　）	名義尺度と名義尺度との間に連関があるかどうかを調べるためには，カイ2乗検定を用いる。
5	（　　）	対応のあるt検定において，2群のデータ数は同じとは限らない。
6	（　　）	3 (a) × 3 (b) の分散分析の場合，要因数は3で，aの水準数も3である。
7	（　　）	分散分析は，独立変数が質的変数，従属変数が量的変数である。
8	（　　）	因子分析において，バリマックス回転を行った場合，因子間の相関関係があってもかまわない。

解　説

1. 統計的仮説検定は，帰無仮説を棄却することによってのみ明確な結論が述べられる検定方法である。帰無仮説が棄却できなかった場合は「失敗」に相当し，「平均値が等しい」などの明確な結論は述べられない。**等しいかもしれないし，等しくないかもしれない**のだ。よって，1は誤り。
　　なお帰無仮説が棄却できなかった場合「**有意差が認められなかった**」と表現することが多い。これは，今回は認められなかったが，より適

切な標本データを用いることで認められるかもしれない…という意味を含む。間違っても「有意差が認められない＝差はない＝平均値は等しい」と解釈してはならない。詳細は p.97 を参照。

2. 有意水準を低い値にすると，「帰無仮説を棄却しない」という判断に至りやすい。たとえば，帰無仮説の事象が起こる確率が3%だった場合，有意水準5%ならば帰無仮説を棄却するが，有意水準1%や0.1%ならば，帰無仮説を棄却しない判断となる。

　この時，有意水準を0.1%や0.01%などの極端に低い値に設定すると，多くの帰無仮説を「棄却しない」という判断にしてしまい，**本来棄却すべき偽の帰無仮説ですらも「棄却しない」という判断になってしまうリスク**（第2種の誤り）が高まる。そして，これは**偽である帰無仮説を適切に棄却する**検出力の低下を意味する。よって2は適切となる。詳細は p.99 を参照。

3. たとえば有意水準5%で両側検定を実施した場合，有意水準を 2.5%ずつに分けて検定を行うことになる。片側検定の場合はこのような有意水準の分割を行わない。そのため，仮に有意水準を5%と設定した場合，両側検定は事実上 2.5% で，片側検定は 5% で帰無仮説を棄却するか否かの判断を行うことになる。結果として，**片側検定よりも両側検定の方が低い有意水準を用いるため，帰無仮説は棄却されにくくなる**。3の文章は誤りとなる。詳細は p.113 を参照。

4. 名義尺度の度数の分析といえば，まずカイ2乗検定を思い浮かべたい。さらにカイ2乗検定には3種類あり（p.165 参照），そのうちの1つに独立性の検定がある。これは，**質的変数間の関係性**である連関の有無を調べる検定である。よって，4の文章は適切。

　なお，量的変数の関連である相関の数量化に相関係数を用いることに対し，質的変数の関連である連関の数量化にはクラメールの連関係数という値を用いる。

5. 対応するデータの組を作ることができる場合，対応のある t 検定を行う。しかし，**2群のデータ数が同じでない場合，下の例のように対応する組を作れない場合が生じる**ため，対応のある t 検定を行うことができない。よって5の文章は誤り。t 検定の対応のあるなしに関する詳細は p.109 を参照。

| 群1 | 8名 | A_1 | B_1 | C_1 | D_1 | E_1 | F_1 | G_1 | H_1 |
| 群2 | 5名 | A_2 | B_2 | C_2 | D_2 | E_2 | — | — | — |

F，G，H に対応する人がいない！

6. 「3（a）×3（b）の分散分析」と
いったような記述は論文や問題
でも見られるので，ぜひ対応し
ておきたい。この表記の場合，
右表のように，要因が<u>aとbの</u>
<u>2要因</u>であることを，そして水
準が<u>aもbも3水準</u>であること
を表している。よって6の文章
は<u>誤り</u>。要因や水準に関する詳細は p.124。

3（a）×3（b）		要因b		
		水準1	水準2	水準3
要因a	水準1	ア	イ	ウ
	水準2	エ	オ	カ
	水準3	キ	ク	ケ

※ア～ケの9つの平均値を比較

仮に「2（a）×3（b）×2（c）の分散分析」といった記述の場合，要因
が<u>aとbとcの3要因</u>，水準はaが<u>2水準</u>，bが<u>3水準</u>，cが<u>2水準</u>で
あることを表している。

7. たとえば p.124 の図4では，介入法と時期を**独立変数**として被調査者
を区分し，**従属変数**として社会的スキルの得点を測定することで，そ
の差異を検討している。この時「介入法XかYか」ということや，「実
施前か実施後か」ということは，区分のみを表す<u>名義尺度</u>にすぎない。
このように，分散分析の独立変数は<u>質的変数</u>であると考えられる。

対して，従属変数である社会的スキルの得点は，社会的スキルを数
量化したものであり<u>量的変数</u>と考えられる（0点を「社会的スキルなし」
とみなすかは議論の余地があるが，みなすならば<u>比例尺度</u>，みなさな
いならば<u>間隔尺度</u>だろう）。このように，分散分析は独立変数が<u>質的変数</u>，
従属変数が<u>量的変数</u>であり，7の文章は<u>適切</u>となる。

8. バリマックス回転は，因子分析における<u>直交回転</u>の代表的な手法で，
<u>因子間相関を認めない</u>形で因子軸の回転を行っている。よって，8の文
章は<u>誤り</u>となる。

なお，かつて因子回転はバリマックス回転が主流であった。しかし
現在では，因子構造をより<u>単純構造</u>に近づけるために，<u>プロマックス</u>
<u>回転</u>など<u>斜交回転</u>も積極的に使われるようになってきている。直交回
転だけでなく，斜交回転もその特徴をしっかりおさえておこう。因子
軸の回転に関する詳細は p.142 を参照。

解　答

1	×	2	○	3	×	4	○
5	×	6	×	7	○	8	×

本書の索引も兼ねて，心理統計・研究法に関する用語の定義をまとめました。とくに優先度★★★以上は，すべて定義が述べられる状態にしておきたいです。ぜひ，心理統計・研究法の学習に役立ててください。

＜優先度の目安＞

★☆☆	心理統計・研究法で「得点を稼ぎたい」人にとって必要な用語。
★★☆	難度高めの問題が出題される大学院を受験する人にとって必要な用語。
★★★	心理統計・研究法が出題される大学院を受験する人にとって必要な用語。
★★★★	試験における失点が不合格に直結する可能性があるほど重要な用語。
★★★★★	心理統計が出題されない大学院を受験する人であっても，理解しておくべき重要用語。

	優先度	統計・研究法用語	統計・研究法用語の定義
	ページ	英語表記	
あ	★★★★ p.41	α係数 coefficient alpha	すべての折半パターンの相関係数を算出し，その平均値を求めた値。内的整合性に基づく信頼性の指標
い	★★★★ p.74	因果関係 causality, causation	明確な「原因と結果」が存在する共変関係のこと
	★★★ p.136	因子 factor	測定変数の変動に影響を与えていると想定される，潜在的な変数
	★★★ p.142	因子軸の回転 factor rotation	因子負荷量を単純構造に近づけるために，因子軸を回転させること。直交回転と斜交回転の2種類がある
	★☆☆ ―	因子妥当性 factorial validity	構成概念が妥当であるかを，因子分析によって因子構造を確かめることで検討するもの
	★★★★ p.138, 142	因子負荷量 factor loading	因子が測定変数に影響を与えている程度を表す値。―1～＋1までを示し，±1に近いほど影響が強い
	★★★★★ p.136	因子分析 factor analysis	複数の測定変数の背後に共通して存在する少数の因子を発見することを目的とした，多変量解析の手法の1つ
え	★★★ p.22	SD法 semantic differential method	「明るい―暗い」などの一対の形容詞を用意し，どちらに近いかを5件法や7件法などで評定させる方法
	★★☆ p.110	F値 F-value	分散分析において，帰無仮説を棄却するか否かの判断に用いられる検定統計量

お	★★★★★	横断研究	異なる年齢集団を一度に用意し，その集団間の差異から発達的変化を検討する手法
	p.32	cross sectional study	
か	★★★	回帰係数	回帰分析において，独立変数が従属変数に与える影響の大きさを表す値
	p.149	regression coefficient	
	★★★★	回帰分析	独立変数の値から，従属変数の値を予測する際に用いられる分析
	p.148	regression analysis	
	★★☆	階級	度数分布表やヒストグラムを作成する際，度数をグループ化していく得点の範囲。級間ともよぶ
	p.52	class interval	
	★★★★	外的妥当性	結果を一般化する適切さの程度。無作為抽出の実現によって確保される
	p.86	external validity	
	★★★★★	カイ2乗（χ^2）検定	度数の分布において，統計的に偏りがあるか否かを検定する手法
	p.162	chi-square test	
	★★☆	χ^2値	カイ2乗検定において，帰無仮説を棄却するか否かの判断に用いられる検定統計量
	p.165	chi-square value	
	★★☆	カウンターバランス	均衡化によって条件を統制すること。男女比を等しくする，A→BとB→Aという両方の順序を用意するなど
	p.180	counter balance	
	★☆☆	確率密度関数	事柄の高低と起こる確率の関数関係，およびある区間で囲まれた面積が，その区間の確率を表すグラフのこと
	─	probability density function	
	★★☆	片側検定	統計的仮説検定において，棄却域を分布の片端のみに設定する検定
	p.113	one-tailed test	
	★★★	合併効果	2群を合併させることにより，本来起こりえない相関係数が算出されること
	p.77	combination effect	
	★★★★	間隔尺度	量的変数のうち，絶対原点をもたない変数
	p.21	interval scale	
	★★★	観察法	調査者自身が調査対象の諸要素について，直接観察して把握する手法
	p.26	observation	
	★★☆	観測度数	主にカイ2乗検定で用いられる，実際のデータ収集で測定された度数
	p.163	observed frequency	
き	★★☆	棄却域	帰無仮説に基づいて求めた統計量が，有意水準以下になる領域のこと
	─	rejection region	
	★☆☆	危険率	第1種の誤りを犯す確率のこと。有意水準と等しい
	─	level of significance	
	★★★	擬似相関	XとYに本当は相関がないにも関わらず，第3の変数Zによって「見かけ上」現れた相関のこと
	p.75	spurious correlation	
	★★★	記述統計法	対象集団から得たデータに関する情報を直接取りまとめ，集約すること
	p.50	descriptive statistics	
	★★★★	基準関連妥当性	理論的に関連が予測される外的基準と，どの程度関連しているか，という視点で検討された妥当性
	p.44	criterion-related validity	
	★★☆	期待度数	主にカイ2乗検定で用いられる，全体の度数の比率に基づいて算出された度数
	p.163	expected frequency	

		用語	説明
	★★★★	帰無仮説	棄却されることを目的に作られる仮説。主に「差がない」「偶然」といった内容が設定される
	p.96	null hypothesis	
	★★☆	逆転項目	類似した項目の列挙を避けるためにあえて挿入されている，本来問うべき内容と意味を逆転させた項目
	p.31	reverse-scored item	
	★☆☆	共通性	因子分析において，各測定変数の分散が，因子によって説明される割合のこと
	─	communality	
	★☆☆	共分散	対応する2組のデータの，平均からの偏差の積を平均した値。相関係数同様，2変数の関連を表す値
	p.158	covariance	
	★★☆	共分散構造分析	予測関係のモデルを想定しその適合度を探ることを目的とした，多変量解析の手法の1つ
	p.158	analysis of covariance structure	
	★☆☆	寄与率	あるデータを構成する個々のデータの変化が，全体の変化にどの程度貢献しているかを示す割合
	p.140	contribution ratio	
く	★★☆	クラメールの連関係数	質的変数間の連関の強さを表す指標。0から1までの値を示し，1に近いほど連関が強い
	p.181	Cramer's measure of association	
け	★★☆	決定係数	相関係数を2乗した値。独立変数が，従属変数の変動のどれくらいを説明できるかを表す値
	p.77	coefficient of determination	
	★★★★	検出力	偽である帰無仮説を，正しく棄却する確率のこと。検定力ともいう
	p.99	power	
	★★☆	検証的因子分析	事前の知見から考えられる因子数や因子負荷量を検証的に確認していく因子分析
	p.140	confirmatory factor analysis	
こ	★★★	効果研究	ある特定の心理療法の効果があるか否かを検討する研究
	p.29	psychotherapy outcome research	
	★★★★★	交互作用	要因計画法における，2つの要因を組み合わせた効果
	p.123	interaction	
	★★★★	構成概念妥当性	測定しようとする構成概念が，実際にどれくらい適切に測定されているか，という視点で検討された妥当性
	p.45	construct validity	
	★★☆	項目分析	学力検査・知能検査・性格検査・質問紙調査などを作成する際，得た回答から各項目の良し悪しを検討すること
	─	item analysis	
	★★★★	交絡	剰余変数が影響を与えているために，従属変数の変化の原因を，独立変数に求められなくなること
	p.83	confound	
	★★☆	誤差	偶然によって生じた差のこと
	p.107	error	
	★★★★	個性記述的研究	時間の経過とともに変化する特定の個人を，ありのまま記述していくことを目的とする研究
	p.24	idiographic study	
	★★★	コーホート	ある一定期間内に出生した人の集団のこと。この集団に共通する特徴は，出生した時代の影響と考えられる
	p.33	cohort	
	★★★	混合計画	被験者内要因と被験者間要因を組み合わせた要因計画のこと
	p.125	mixed design	
さ	★★☆	最小二乗法	予測値と実測値の誤差が最も小さくなるように未知数を求める方法
	p.149	least squares method	

★★★★ p.39	再テスト法 retest method	同じ集団に同一のテストを，一定期間を置いて2度実施し，2回の得点間の相関係数を算出する方法	
★★★ p.56	最頻値 mode	データの中で，最も度数が多い値。代表値の1つ	
★☆☆ p.142	最尤法 maximum likelihood estimation	さいゆうほう。実際に得た標本について，その標本を得られる確率が最大となるように，母集団の値を推定する手法	
★★☆ p.149	残差 residual	誤差の推定量のこと。回帰分析なら，実測値と予測値の差。カイ2乗なら，観測度数と期待度数の差	
★★☆ p.165	残差分析 residual analysis	カイ2乗検定で帰無仮説が棄却された後に行われる，有意差の数と場所を特定するための事後検定	
★★☆ p.71	散布図 scatter plot	個々の得点をXY平面上に配置した図のこと	
★★☆ p.60	散布度 measure of dispersion	データの散らばりを表す値。分散や標準偏差，四分位偏差などが挙げられる	
★★☆ —	参与観察 participant observation	観察対象に直接関わりながら観察する手法。観察対象との関わりによる行動の変化に注意	
し	★★☆ —	G-P分析 good-poor analysis	被調査者を合計得点の上位群と下位群に分け，2群を比較検討することで，識別力を判断する方法
	★★☆ —	識別力 item discrimination	項目分析における，個人差をとらえられる程度のこと。代表的な手法にG-P分析がある
	★★★★ p.82	実験群 experimental group	実験において，独立変数の操作が加えられた群
	★★★ p.25, 82	実験法 experiment	独立変数のみ異なり，剰余変数は統制された2群を用意し，従属変数の比較を行う手法
	★★★★★ p.28	質的研究 qualitative study	収集した情報を数量化処理せず，記述データとして分析する研究手法
	★★★ p.21, 53	質的変数 qualitative variable	分類を目的とした，等間隔性をもたない変数
	★★★ p.26	質問紙法 questionnaire	質問紙を配布しそこに記入を求めることで，データを集める手法
	★☆☆ p.60	四分位偏差 quartile deviation	{上位25%の値（第3四分位数）−下位25%の値（第1四分位数）}÷2の値。中央値に対応する散布度
	★★☆ p.20	尺度 scale	データの特徴に対して数値を対応させる基準のこと
	★★★★★ p.20	尺度水準 scale level	データが表現する情報に基づいた数の分類。比率尺度・間隔尺度・順序尺度・名義尺度の4つに分類される
	★★★ p.143	斜交回転 oblique factor rotation	単純構造に近づけるために，因子軸を1本ずつ自由に回転させること。因子間相関を認める形となる
	★☆☆ p.142	主因子法 major factor method	因子負荷量の算出において，第1因子の寄与率が最も大きくなるように算出する手法

	★★★★★	重回帰分析	複数の独立変数から1つの従属変数を予測することを
	p.152	multiple regression analysis	目的とした，多変量解析の手法の1つ
	★★☆	重決定係数	重相関係数の2乗で，複数の独立変数が，従属変数の
	p.154	coefficient of multiple determination	変動のどれくらいを説明できるかを表す値
	★★☆	重相関係数	回帰分析によって求められた予測値と，実測値との相
	p.154	multiple correlation coefficient	関係数
	★☆☆	収束的妥当性	構成概念妥当性を，同じ構成概念を測定している心理
	p.46	convergent validity	検査との相関によって検討するもの
	★★★★★	従属変数	測定される成分のことで，研究者が操作することはで
	p.82	dependent variable	きず，因果関係における結果に相当する変数
	★★★★★	縦断研究	特定の個人を追跡調査し続けることによって，その発
	p.32	longitudinal study	達的変化を検討する手法
	★★★	自由度	ある統計量において，自由に変わりうる要素の数
	p.166	degrees of freedom	
	★★★★	主効果	要因計画法における，1つの要因単独の効果
	p.126	main effect	
	★★☆	主成分分析	複数の測定変数を1つの主成分に合成することを目的
	p.141	principal component analysis	とした，多変量解析の手法の1つ
	★★★★	順序尺度	質的変数のうち，大小関係をもつ変数
	p.22	ordinal scale	
	★★★	剰余変数	従属変数の変化に対して影響を与える可能性がある，
	p.84	extraneous variable	独立変数以外の変数のこと
	★★★★	事例研究	ある個人のクライエントの変化を詳細に記録し検討す
	p.24, 29	case study	る研究
	★☆☆	信頼区間	標本から推測される母集団の推定値の範囲。有意水準
	p.174	confidence interval	の設定により範囲は変化する
	★★★★★	信頼性	測定値が偶然や測定誤差によって影響を受けない程度
	p.38, 43	reliability	を示す概念で，追試による安定性・一貫性のこと
す	★★★	水準	要因を質的に分類，あるいは量的に変化させた条件の
	p.124	level	こと
	★★★	推測統計法	標本データを抽出して，そこから母集団全体を推測す
	p.28, 86	inferential statistics	る手法
せ	★★★★	正規分布	完全に左右対称でつり鐘状の形をした分布。平均値・
	p.61	normal distribution	中央値・最頻値がすべて同じ値を示す
	★★★	正の相関	ある変数の値が大きければ大きいほど，もう片方の変
	p.72	positive correlation	数も大きくなる，という関連の強さを示すこと
	★★★	絶対原点	何も存在しないことを示す0のこと
	p.21	absolute origin	
	★★★	切断効果	集団の一部のみで相関係数を算出することで，相関係
	p.79	cutting effect	数が変化すること。選抜効果ともよぶ

	★★★	折半法	1つのテスト項目を等質な2群に折半し，両者の得点
	p.40	split-half method	間の相関係数を算出する方法
	★★☆	説明率	決定係数を百分率に変換した値。独立変数が，従属変
	p.77	explanation rate	数の変動の何％を説明できるかを表す値
	★☆☆	尖度	せんど。分布の尖り具合を表す値。基準値3を中尖とし，
	—	kurtosis	3未満の分布を緩尖，3を超える分布を急尖とよぶ
そ	★★☆	層化抽出法	母集団をあらかじめいくつかの層に分け，層それぞれ
	p.85	stratified sampling	の比率に応じて，標本抽出する手法
	★★★★	相関関係	2変数の共変関係のこと。原因と結果は特定されておら
	p.74	correlation association	ず，相関関係があっても因果関係があるとは限らない
	★★★★★	相関係数	2つの変数の関連の強さを数量化した値。正式名称は
	p.70	correlation coefficient	「ピアソンの積率相関係数」
	★☆☆	相関係数の希薄化	信頼性が低い尺度を用いると，相関係数も低くなりや
	—	attenuation of correlation	すくなること
た	★★★★★	第1種の誤り	真である帰無仮説を棄却する誤りのこと。第1種の過
	p.98	type I error	誤ともいう
	★★★★	対照群	統制群と同義。実験において比較対照のために用意さ
	p.83	control group	れた群
	★★★★★	第2種の誤り	偽である帰無仮説を棄却しない誤りのこと
	p.98	type II error	
	★★★★	代表値	データを代表するような値であり，平均値・中央値・
	p.54	measure of central tendency	最頻値の3つがある
	★★★	対立仮説	帰無仮説が棄却された時に採択される仮説。主に「差
	p.96	alternative hypothesis	がある」「偶然ではない」といった内容が設定される
	★★★★	多重共線性	独立変数間に強い相関がある場合，重回帰分析の結果
	p.155	multicollinearity	に悪影響をおよぼすこと
	★★★★	多重比較	分散分析で帰無仮説が棄却された後に行われる，有意
	p.111	multiple comparison	差の数と場所を特定するための事後検定
	★★★★★	妥当性	測定値が，測定したい心理的特性や行動をどの程度的
	p.42	validity	確にとらえているか，その程度を表す概念
	★☆☆	ダブルバーレル質問	1項目で，同時に2つの内容を問われており，回答者
	p.181	double-barreled question	が混乱する質問のこと。「母は強くて優しいか」など
	★★☆	多変量解析	複数の変数に関するデータから関係性を分析する統計
	p.156	multivariate analysis	手法の総称。因子分析，重回帰分析が代表的
	★☆☆	ダミー変数	不合格を0，合格を1など，0または1に割り当てら
	—	dummy variable	れた変数のこと
	★★★	単回帰分析	1つの独立変数の値から1つの従属変数の値を予測す
	p.148	simple regression analysis	る際に用いられる分析
	★★☆	探索的因子分析	因子数や因子負荷量を，探索的に検討していく因子分
	p.140	exploratory factor analysis	析

	★★★	単純主効果	交互作用が有意となった場合に検討される，水準ごと
	p.129	simple main effect	の主効果のこと
ち	★★★	中央値	データを大小順に並べた時，中央に位置する値。偶数個
	p.55	median	の場合は，中央2つの平均値を用いる。代表値の1つ
	★★★	中心極限定理	データの度数を十分に多くした場合，標本抽出分布が
	p.176	central limit theorem	正規分布に近似するという定理のこと
	★★★	直交回転	因子間相関を認めずに因子負荷量を単純構造に近づける
	p.143	orthogonal factor rotation	ために，因子軸を直角に保ったまま回転させること
て	★★★★★	t 検定	2群の平均値の差が，誤差であるか有意差であるか検
	p.106	t-test	討する統計的仮説検定
	★★☆	t 値	t 検定において，帰無仮説を棄却するか否かの判断に用
	p.108	t-value	いられる検定統計量
	★★☆	定数	ある決まった値のみを示す数。円周率が代表例として
	p.21	constant	挙げられる
	★★☆	適合度の検定	カイ2乗検定のうち，1種の観測度数と期待度数の適
	p.165	test of goodness of fit	合度を検定すること
	★★☆	テューキー法	第1種の誤りを犯す確率が有意水準を超えないように
	p.111	Tukey's method	設定された，多重比較の代表的手法
	★★☆	天井効果	満点近くに得点が集中し，個人差が判別できなくなる
	p.180	ceiling effect	こと
と	★★★	統計的仮説検定	標本で起こった状況が「偶然か」「偶然ではないか」に
	p.94	testing statistical hypothesis	注目して，母集団でも起こりうるかを検定すること
	★★★★★	統制	交絡を防ぐために，独立変数以外の剰余変数をすべて
	p.83	control	偏りのない状態にすること
	★★★★	統制群	実験において，独立変数の操作が加えられず，剰余変
	p.82	control group	数はすべて統制されている群
	★★☆	独立性の検定	カイ2乗検定のうち，2種の質的変数に連関があるか
	p.165	test of independence	否かを検定すること
	★★★★★	独立変数	研究者が実験で操作する成分で，因果関係における原
	p.82	independent variable	因に相当する変数
	★★★★	度数	データの人数のこと。N を使って表す
	p.50	frequency	
	★★★	度数分布表	度数の分布を一覧にした表のこと。階級の設定によっ
	p.50	frequency table	て，どのような表になるか，変化する
な	★★★	内的整合性	項目の一貫性・等質性を表す概念。信頼性の指標とし
	p.41	internal consistency	て用いられる。α係数が代表的
	★★★★	内的妥当性	独立変数と従属変数の因果関係が適切に示されている
	p.82	internal validity	程度。剰余変数の十分な統制によって確保される
	★★★	内容的妥当性	測定概念に関わる領域を，網羅できているか，という
	p.44	content validity	視点で検討された妥当性

に	★★★★ p.123	2要因分散分析 two-way ANOVA	2要因を分割表で組み合わせた各平均値の差が，有意差か検討する統計的仮説検定。2元配置分散分析ともいう
の	★★★★ p.162	ノンパラメトリック検定 nonparametric test	母集団の分布に関する仮定をもたない検定。カイ2乗検定が代表的
は	★★★ p.55	外れ値 outlier	他の値と比べて極端に低かったり高かったりする値。平均±標準偏差×2（または3）を超える値が目安
	★★★ p.162	パラメトリック検定 parametric test	母集団を正規分布と仮定するなど，母集団の分布に仮定をもつ検定。t検定や分散分析が代表的
	★★★ p.143	バリマックス法 varimax method	因子軸の回転法の1つで，直交回転の代表的な手法
ひ	★★☆ —	p値 p-value	帰無仮説が起こる確率値。統計的仮説検定で，この値が有意水準以下ならば帰無仮説は棄却される
	★★★ p.125	被験者 subject	実験参加者のこと。近年は，実験参加者または研究協力者（participant）と記載することが推奨されている
	★★★ p.125	被験者間要因 between subjects factor	水準間で被験者が異なる要因のこと
	★★★ p.125	被験者内要因 within subjects factor	要因内のすべての水準が同じ被験者である要因のこと
	★★☆ —	非参与観察 nonparticipant observation	ビデオカメラなどの映像機器を用いて客観的に観察する手法。倫理的配慮に注意
	★★★ p.51	ヒストグラム histogram	度数の分布をグラフに表した図のこと。階級の設定によって，どのような図になるか，変化する
	★★★★ p.64, 154	標準化 standardization	標準得点を求めることで，データを比較可能な状態にすること
	★★☆ p.89	標準誤差 standard error	標本の大きさが母集団の大きさと異なることから生じる誤差を数値化したもの
	★★☆ —	標準正規分布 standard normal distribution	平均値0，標準偏差1に標準化された正規分布のこと
	★★★ p.65	標準得点 standard score	平均から標準偏差いくつ分離れているかを表す値。偏差÷標準偏差で表される。z値ともいう
	★★★ p.154	標準偏回帰係数 standard partial regression coefficient	標準化された偏回帰係数のこと。各独立変数が従属変数に与える影響力の比較に用いる
	★★★★★ p.60	標準偏差 standard deviation	散布度の1つ。正規分布の場合，平均±標準偏差の範囲に，全体の約68.3%が含まれる。SDと略されることも多い
	★★★★ p.86	標本 sample	母集団を推測するために用いる集団の一部のこと
	★★★ p.87	標本抽出 sampling	母集団を推測するために，標本となるデータを集めること
	★★☆ p.176	標本分布 sampling distribution	複数回標本抽出を行った場合の標本平均値の分布のこと

	★★★	標本の大きさ	標本を形成する個体の数（人数）のこと。nで表される
	p.89	sample size	
	★★★★	比率尺度	量的変数のうち，絶対原点をもつ変数
	p.21	ratio scale	
	★☆☆	比率の等質性の検定	カイ２乗検定のうち，２種の観測度数の分布比率が同じか検定すること
	p.165	test of homogeneity of proportion	
ふ	★☆☆	φ係数	2×2分割表でのみ用いることができる連関係数。−1〜+1までを示し，±1に近いほど連関が強い
	−	phi coefficient	
	★★★	負の相関	ある変数の値が大きければ大きいほど，もう片方の変数が小さくなる，という関連の強さを示すこと
	p.72	negative correlation	
	★★☆	不偏分散	偏差の２乗の和÷（度数−1）で表される値のこと。標本から母集団を推測する際に用いる
	p.169	unbiased variance	
	★★★	プロマックス法	因子軸の回転法の１つで，斜交回転の代表的な手法
	p.143	promax method	
	★★☆	分割表	質的変数を行と列に分け，表に集計してまとめたもの
	−	cross table	
	★★☆	分散	偏差の２乗の和÷度数で表される値のこと。データの散らばりを表す散布度の１つ
	p.61	variance	
	★★★★★	分散分析	3群以上の平均値の差が，誤差であるか有意差であるか検討する統計的仮説検定。ANOVAと略されることもある
	p.110	analysis of variance	
へ	★★★	平均値	データの総計を，度数の和で割った値（算術平均の場合）。代表値の１つ
	p.54	mean	
	★★☆	平均への回帰	平均値より離れた値が計測された場合，次に計測される値は，より平均値に近い値になりやすいこと
	p.150	regression toward the mean	
	★★★	平行テスト法	同じ集団に形式・難易度などが等質な２つのテストを同時実施し，得点間の相関係数を算出する方法
	p.39	parallel text method	
	★☆☆	併存的妥当性	基準関連妥当性のうち，個人の現在の状態との関連を予測する視点で検討されたもの
	p.46	concurrent validity	
	★★★	偏回帰係数	重回帰分析の結果求められた，各独立変数に対応した回帰係数のこと
	p.152	partial regression coefficient	
	★★★	偏差	個々の得点と平均値の差のこと
	p.64	deviation	
	★★★	偏差値	標準得点を，平均50・標準偏差10となるよう変換した値。50+標準得点×10で表される
	p.66	Z-score	
	★★☆	変数	様々な値に変動する数。ほとんどの数は変数に分類される
	p.21	variable	
	★★★	偏相関係数	第3の変数の影響を取り除いた相関係数
	p.76	partial correlation coefficient	
	★☆☆	弁別的妥当性	構成概念妥当性を，理論的に相関が低いはずの心理検査との相関によって検討するもの
	p.46	discriminant validity	

ほ	★★★★ p.24	法則定立的研究 nomothetic study	人間の心や行動に関する普遍的で一般的な法則を導き出すことを目的とする研究
	★★★★ p.86	母集団 population	研究の対象となる集団全体のこと
む	★★★★★ p.87	無作為抽出 random sampling	母集団の特徴を偏りなくもつように標本抽出すること
め	★★★★ p.22	名義尺度 nominal scale	大小関係をもたずに，純粋な分類のみを表す変数
	★★★ p.27	面接法 interview	調査者が被調査者に直接質問して，口頭で回答を求める手法
ゆ	★★★★ p.107	有意差 significant difference	偶然によって生じた差ではなく，統計的になんらかの意味をもつことが認められた差のこと
	★★★★ p.96, 99	有意水準 level of significance	何％以下だった場合に帰無仮説を棄却するか判断する基準となる確率値のこと
	★★☆ p.180	床効果 floor effect	0点近くに得点が集中し，個人差が判別できなくなること
よ	★★★ p.122	要因 factor	要因計画法における独立変数であり，従属変数に影響を与える原因となるもの
	★★★★ p.122	要因計画法 factorial design	2つ以上の要因を組み合わせた研究計画のこと
	★☆☆ p.46	予測的妥当性 predictive validity	基準関連妥当性のうち，個人の未来の状態との関連を予測する視点で検討されたもの
り	★★★ p.22	リッカート法 Likert scale	「あてはまらない―あてはまる」といった評価に対してそれぞれ得点を割り振ることで，評価を数量化する方法
	★★☆ p.113	両側検定 two-tailed test	有意水準を半分ずつに分けて，棄却域を分布の両端に設定する検定
	★★★★★ p.28	量的研究 quantitative study	収集した情報を数量化処理して分析する研究手法
	★★★ p.21, 53	量的変数 quantitative variable	計量を目的とした，等間隔性をもつ変数
	★☆☆ p.171	臨界値 critical value	統計的仮説検定において，検定統計量がいくつ以上の時に棄却域に入るのかを示す値のこと
る	★☆☆ p.140	累積寄与率 cumulative contribution ratio	寄与率の合計。全体の変化がどの程度説明されているかを示す割合
れ	★★☆ p.165	連関 association	質的変数同士の関連の強さのこと
わ	★☆☆ ―	歪度 skewness	わいど。分布が中心傾向からどれだけ散らばっているかを表す値。正なら右に，負なら左に散らばりが大きい

おわりに

改めまして，こんにちは。河合塾KALSの宮川です。
本書を手にとって下さり，誠にありがとうございます。

突然ではありますが，少し昔話をさせてください。
僕が，まだ大学院受験を目指して心理統計を独学で学んでいた頃のことです。
ピアソンの相関係数について勉強していた僕は，思わずつぶやきました。
「ピアソン，すごすぎる…！」
なぜ計算式によって2変数の関連の強さが明らかにできるのか，なぜすべての
相関係数が＋1〜ー1の範囲に収まるのか，正の相関，負の相関がなぜ生まれる
のか…？　それらの「なぜ」の答えは，すべてピアソンが生み出した相関係数の
算出式に込められていました。このことがすべて理解できたその瞬間，まるで稲
妻が走ったかのような衝撃と感動を覚えたのです。

それから，それなりの時が過ぎ，僕は心理系大学院の対策予備校・河合塾
KALSで教える仕事を始めました。そして，担当する講座の中に「心理統計学」
がありました。その時僕は，迷わず考えたのです。
「相関係数の意味を理解できた，あの瞬間の感動を，受講生と共有したい」

相関係数の講義日です。相関係数の概要を伝えた後，僕は受講生たちにデータ
を渡し，こう告げました。
「さあ，みんなで相関係数を算出してみよう！」
相関係数を手計算で算出することによって，その処理がなぜ2変数の関連を表
すのか，より深いレベルで実感できるに違いない。僕は，そう固く信じていました。
信じて疑わなかったのです。しかし，結果は真逆でした。多くの受講生は，煩雑
な手計算の処理に疲れ，途中で諦めてしまいました。最後まで処理を済ませた受
講生も，処理が完了したことに満足し，それ以上踏み込んで考える様子はありま
せんでした。それでも，僕は問いかけました。
「相関係数って，すごいと思いませんか？」
明らかに薄い反応。いつもと違う，異質な雰囲気。あの教室の冷めた感じは，

今でも忘れられません。そこで僕は，突きつけられたのです。
「この講義は，ただの『感動の押し付け』に過ぎなかったのでは？」
　相関係数という発想の素晴らしさ，統計という学問の面白さ，それを伝えることも，もちろん大切かもしれない。ただ，それは，本当に予備校の役割なのだろうか？　では，予備校に求められている役割とは何だ？
　結論にたどり着くまでに，それほど時間はかかりませんでした。

「合格」

　予備校に通う人が一番求めているものは，「合格のために何が必要か」。知的な感動や興奮は，あくまでスパイス。軸となるのは，合格のために必要な要素を整理し，より定着しやすい形で伝えていくこと。この日を境に，大学の講義の延長上で講義をしていた僕の授業が，やっと「予備校の講義」になったのです。

　このエピソードは，僕が実際に体験したエピソードです。そして僕の「予備校講師」としてのアイデンティティを形成するのに大きく寄与した出来事でもあります。今回，執筆するにあたっても，この「予備校らしさ」は，常に意識しながら取り組みました。本書の執筆期間のうちの約半分は鉄則10の中の出題傾向分析に当てています。全国のさまざまな大学院入試の問題に目を通し，傾向をまとめあげる作業はなかなかに骨の折れる仕事ではありましたが，その苦労に見合うデータを提供できたのではないかと自負しています（やっぱり計算問題は少なかった！　ということが明らかになった時に，ホッとしました。今までの指導は間違っていなかった（笑））。

　今回の「心理統計編」は，その内容の性質上，イラストをとにかく多めにするということも決めていました。そしてそのイラストは，僕の高校の同級生であり，今でも続く飲み仲間でもあり，名古屋から京都まで一緒に無計画な自転車旅行（！）に行ってしまう仲間でもある，かわい君にお願いすることができました。分量・内容ともになかなか大変なオーダーだったと思いますが，期待以上にわかりやすくて可愛いイラストを用意して頂き，とても満足しています。また，高校の同級生とこうやって1つの本を完成させられたという事実が，何よりもうれしいです。かわい君にも，重ねて御礼申し上げたいと思います。

さて最後に。冒頭の話に戻ってきますが，僕が「予備校講師」として「合格」の他に強く意識していることが，もう1つあります。そのことを表す，僕の好きな言葉を引用します。

「主観的では，事実が伝わらない。
客観的では，想いが伝わらない。」

主観的すぎる話は，話者の主観によって事実が歪められている可能性がある。客観的すぎる話は，淡々としていて，味気ない。ですから講義は，「主観と客観のバランス」を特に意識しています。あとがきの冒頭で「知的な感動や興奮は，あくまでスパイス」と述べましたが，逆にいえば，上手にスパイスが効いているから美味しい，ともいえます。講義は，主観と客観が見事なバランスで成立していてはじめて，本当に人を惹きつける話になる，と僕は信じています。

ですがこういった書籍では，どうしても事実の正確さ，つまり客観性が求められます。イラストでキャラクターたちに語らせることで，多少の「想い」をのせることはできますが，やはり限度があります。

そこで，この本を手にとって下さった方へ。もし機会があれば，ぜひ河合塾KALSにお越しください。そこには，本にはなかなか載せられない，講師たちの熱い「想い」があります。客観的な事実を，講師たちの主観的な想いも交えながら，彩り豊かに理解を深められることが，書籍では体験できない講義の魅力です。

もちろん僕も，この本を読んでくださった皆さんと会えることを楽しみにしています。「心理学編」などの感想も，ぜひお聞かせください。機会があれば河合塾KALSで皆さんとお会いできることを，心より楽しみにしています！

2024年5月
河合塾KALS　宮川 純

監修者

河合塾 KALS
（かわいじゅくカルス）

河合塾グループの㈱KEIアドバンスが主宰する，大学生・社会人を主対象としたキャリア予備校。公認心理師・臨床心理士をはじめとする大学院入試対策，大学編入・医学部学士編入試験対策などの進学系講座を中心に，キャリア実現に向けた幅広いサポート・サービス提供を行っている。

著者

宮川 純
（みやがわ じゅん）

2005年　名古屋大学大学院教育発達科学研究科心理発達科学専攻博士課程前期修了
現　在　河合塾 KALS 講師（担当：心理学概論，心理学，心理統計学，研究計画書）

youtube チャンネル　ミヤガワRADIO
　　　https://www.youtube.com/channel/UC4CGfSCmvOoJCVvbrvy_tcQ
X　　https://twitter.com/Jun_Miyagawa__

NDC140　　221p　　21cm

公認心理師・臨床心理士大学院対策
（こうにんしんりし・りんしょうしんりしだいがくいんたいさく）
鉄則10＆キーワード30　心理統計編　第2版
（てっそく）（しんりとうけいへん）（だいはん）

2024年5月22日　第1刷発行

監修者　　河合塾 KALS
　　　　　（かわいじゅくカルス）
著　者　　宮川　純
　　　　　（みやがわ　じゅん）
発行者　　森田浩章
発行所　　株式会社　講談社
　　　　　〒112-8001　東京都文京区音羽2-12-21
　　　　　　販　売　(03) 5395-4415
　　　　　　業　務　(03) 5395-3615

KODANSHA

編　集　　株式会社　講談社サイエンティフィク
　　　　　代表　堀越俊一
　　　　　〒162-0825　東京都新宿区神楽坂2-14　ノービィビル
　　　　　　編　集　(03) 3235-3701
本文データ制作　株式会社エヌ・オフィス
印刷・製本　株式会社KPSプロダクツ

ISBN 978-4-06-535753-8